LE NAVIGATEUR OBSOLÈTE

VIRGILE STARK

LE NAVIGATEUR OBSOLÈTE

PARIS

LES BELLES LETTRES

2016

www.lesbelleslettres.com

Retrouver Les Belles Lettres sur Facebook et Twitter

ISBN : 978-2-251-44608-0

AVANT L'APRÈS

Ce petit livre est d'ores et déjà condamné à une rapide et presque totale caducité. Pourrait-on lire aujourd'hui les mésaventures d'un individu en proie aux blandices du Minitel ? Il faut vingt ans, au rythme actuel de l'histoire, pour changer radicalement d'univers technique et pour introduire, dans la vie sociale, des éléments parfaitement nouveaux qui modifient la perspective et le rapport au monde. En 2050, au plus tard, l'internet aura pris sa juste place dans quelque musée immatériel des sciences et des techniques. Nos enfants riront de ce vieux machin suranné : comme c'était lent, comme c'était lourd, comme c'était encombrant – à l'époque... Les cogitations d'un « internaute » leur paraîtraient certainement désuètes et pour le moins abstruses. Dans la mesure où je me suis délibérément centré sur un épiphénomène de la Technique, j'ai consenti à me laisser entraîner par le fleuve de l’urgence et j’ai livré ma réflexion aux mains tremblotantes et lâches du présent ; mais il faut être absolument moderne, c’est-à-dire frivole et *transitoire*.

Déchiqueteuse

« Il n'y a pas d'au-delà de l'écran comme il y a un au-delà du miroir. »

Jean Baudrillard

Tout le monde, d'après ce que j'ai pu constater, fait un certain geste au sortir du sommeil, un geste premier, par lequel il rend au jour qui commence un hommage personnel : celui-là ouvre ses volets et respire les fragrances de l'aube, celui-ci remplit sa cafetière les paupières mi-closes ; l'un caresse la tête amicale de son chien, l'autre, échevelé, porte une cigarette à sa bouche. Pour ce qui me concerne, avant toutes choses, j'appuie sur la touche d'allumage de mon ordinateur. Je me *connecte*. Je quitte l'abîme des songes pour entrer dans le puits des mirages. Le premier bruit que j'entends – oserais-je dire que c'est un doux bruit à mon oreille ? – est celui du processeur en cours de démarrage. Il faut reconnaître que c'est un bruit assez inoffensif, pas désagréable du tout, à vrai dire ; un bruit pareil à une légère inspiration, suivie d'un souffle et d'un crépitement désordonné qui font penser à un éveil – ou peut-être une éclosion.

⋆

Mon appareil, qui porte le nom délicieux de *HZ NP4220*, fonctionne à merveille. Je l'ai acheté dans un accès de panique, alors que son prédécesseur – *vieux coucou* d'au moins deux ans et demi – agonisait dans des lenteurs atroces. *HZ* me réconforte et m'enchante. Je sens réellement sa jeune puissance couler dans mes veines et s'insinuer dans mes organes ; tout mon être jubile, comme amplifié d'un exosquelette mental, grâce auquel il peut se mouvoir dans les airs et transporter des charges formidables. « Emporte-moi, wagon ! Enlève-moi, frégate ! »

⋆

Je m'assois confortablement dans le cockpit de mon simulateur de vie, je *double-clique* sur l'icône de mon *explorateur* et je m'éparpille au sein de l'hypermonde. Explorateur : c'est bien cela que je suis. Explorateur inerte. Navigateur ensablé. Tout vient à moi *sur demande*. La Création tout entière passe dans mon index engourdi. Je me sens extraordinairement bien. Je fais semblant de vivre et je préfère ce jeu à la vraie vie, car je ne risque rien, et personne ne me voit. Je suis un *superman* invisible et décomplexé. J'apparais, je disparais à ma guise, et sous les masques de mes innombrables *pseudos*. Le simulateur obéit à mes volontés ; mais il m'entraîne aussi, il me tient sous sa férule à tête de serpent – et je me laisse gouverner avec délice. J'aime ne pas savoir où je vais ; l'inattendu m'excite. La machine imite si bien la réalité qu'elle m'offre même une parodie de destin.

★

Tout proche de mon ordinateur, je peux entendre son soufflement continu. D'où vient mon scrupule à le mettre en *veille prolongée*, à rompre le lien qui s'est établi entre lui et moi ? Les machines sont-elles vivantes ? Sont-elles capables de *vouloir* – vouloir nous dominer, nous remplacer, nous asservir ? Sont-elles les dépositaires ingénus de notre part d'ombre ? Je l'ignore. Il est indéniable cependant que, dans cette haleine omniprésente, passe une intention équivoque, une perversité diffuse, une séduction trouble qui m'occupent la chair et l'esprit. Mon cœur bat dans ma poitrine, mes viscères se nouent : qu'y a-t-il donc là derrière ? Qui frappe à ma porte et veut me parler ? Qui m'observe ? Qui me convoque ?

★

Depuis de nombreuses années, j'ai pris l'habitude de bondir de mon lit aux aurores pour exploiter mes journées chômées (alors que le réveil, il va de soi, est toujours difficile en semaine...). Je me sens alors comme aiguillonné par une soif d'*otium* inextinguible. J'aspire notamment à la jouissance profonde que m'apportent les instants sacrés du petit jour ; je hume les senteurs exquises de l'affranchissement, et rien ne peut me combler davantage. Tout est possible. Je largue les amarres. La vie m'attend, au loin, dehors. Il est l'heure d'affronter les eaux turbulentes et de jouer dans les ressacs du devenir.

Hélas ! la machine… La machine me prend dans son filet. Pisinoé me ravit et confisque mon horizon. Indifférent à tout, je me prélasse alors dans une longue rêverie d'écran qui dissout la matinée entière – mais je suis positivement incapable de jouir autrement de ma liberté. Il arrive d'ailleurs souvent – non, il arrive *toujours* – que cette divagation ne s'achève réellement qu'au bout de la journée. Parfois, c'est une sonnerie ou une voix humaine qui me rappelle à l'existence. *Connectus interruptus.* Le temps me manque, le temps m'échappe et ne cesse de rétrécir. Je vis dans la temporalité *à très haut débit* du Réseau. Je me perfuse de vitesse et de foisonnement, jusqu'au vertige ; et les dimensions du réel se désintègrent dans l'extension phénoménale de ma conscience.

⋆

La journée, pourtant, commençait bien, de la seule manière que devraient commencer toutes mes journées : en ouvrant un livre, dans le plus grand silence et le plus grand recueillement. Or, il s'est produit que j'ai été captivé, provoqué par l'étrange réflecteur des pensées, sur sa table basse, qui manifestait sa présence. Comment résister à la tentation de la promenade sidérale ? J'ai traversé le miroir. Je m'ébats désormais dans le vivant chaudron.

Quelques minutes s'écoulent, et l'envie me taraude de répondre aux *nouveaux messages* de mes correspondants matinaux. *Clic* sur la petite flèche. Les doigts filent sur le clavier, martyrisent la syntaxe, délaissent l'orthographe. Retours. Corrections. Qu'importe. *Envoyer.* Remords. Trop tard. Avatar X me répond aussitôt. Je me prends au jeu et lui réponds à mon tour, je *dois* lui répondre, sans attendre. « Maudite sois-tu, Patience ! » Tandis que, peu à peu, ma lecture devient moins attentive, moins linéaire (mon cerveau s'est-il déjà placé *en mode hypertextuel* ?), quelques idées de requêtes me viennent spontanément à l'esprit, et je ne peux retenir ma main, qui se met à les saisir dans le *moteur.* Ma faim de réponses est brusquement insatiable.

⋆

Ma dose minimale de *navigation* sur l'internet équivaut à peu près à deux heures. C'est le moindre écot que je dois payer au néant. C'est la durée incompressible de ma soûlerie quotidienne. C'est le temps qu'il me faut pour assouvir mon besoin de dispersion immobile – et cela, très souvent, à l'encontre de mon intention de départ. Je pourrais le réduire à une poignée de minutes, si j'étais capable de m'opposer vigoureusement à la volupté de l'errance webmatique. Il n'est toutefois nulle imprudence que je ne commette avec plus de régularité que de prolonger mon *temps de connexion* au-delà de trois ou quatre heures ; il me suffit de laisser voguer la barque de mes activités mentales, et d'inventer mon itinéraire numérique au fil de l'eau.

Par conséquent, il n'est plus question de lire avec profit ; tout effort prolongé de concentration, toute résolution introspective devient inutile, *inadaptée* à la situation. Dès lors, on n'est plus sur la terre. On glisse sur la nappe translucide et berçante du *cloud*. La fenêtre ouverte sur les mondes inconnus attire le regard, fascine et suggère la plus troublante des tentations. L'anneau à notre doigt brille de son feu hypnotique. Plus rien ne nous intéresse que sa lumière éblouissante. Un livre ? Une rencontre ? Un baiser ? Tout cela nous ennuie. Le doigt se lève, dessine une forme dans l'air, et des constellations naissent sous nos yeux ; le doigt montre le ciel, et les sphères produisent des harmoniques. La main dénude les choses, fait sortir de terre tous les décors que l'esprit imagine, délivre tout l'univers de ses anciennes limites, invoque et révoque *ad libitum*, écrit, efface, mélange, sépare, crée ou détruit. Un livre, face à cette œuvre totale qui se joue dans la lucarne aux souhaits, un livre ne peut opposer que la résistance inutile de ses charmes passés. Je l'oublie sur l'accoudoir d'un vieux fauteuil.

⋆

La *page-écran* m'attire irrésistiblement *hors d'elle*, comme si elle m'invitait sans cesse à fureter et à me perdre. Je ne puis demeurer concentré sur ma lecture plus d'une minute. Un articulet de trente lignes s'avère beaucoup trop long : mon œil traque déjà les lignes de fuite ; mon cerveau exige une nouvelle distraction. Je dégringole en bas du texte, fixant un point au-delà, au travers, ne pouvant décidément trouver le calme nécessaire à la compréhension. Des blocs lumineux clignotent sur les deux côtés de l'écran. Je suis un moine qui tente de pratiquer la *lectio divina* dans un bordel. Parmi ce tourbillon d'images, le lien qui attache l'esprit au texte est aussi fragile que la soie d'araignée ; une page ne vaut que par les bonds et les migrations qu'elle est capable de susciter, et par la vitesse avec laquelle elle nous propulse à l'extérieur de ses marges.

⋆

À ce propos. Il n'y a pas d'équivalent strict d'un livre sur l'internet (contrairement à ce que l'on voudrait nous faire croire) : il y a la *projection digitale d'un livre*, l'image mouvante d'un livre, ce qui n'est pas du tout la même chose. Je dis bien : l'image mouvante, car toute image numérique est instable, éphémère et vibrante. Quoi qu'on puisse en dire, nous ne la regardons pas comme nous regardons la page d'un support fixe et immobile.

Nous la lisons avec les yeux et avec le cœur, beaucoup plus qu'avec l'esprit – car nous sommes face au reflet passager d'un texte, pas au texte seul, épuré de tout imaginaire extérieur à ce qu'il dit, protégé des émois superflus. Nous n'avons pas conscience des schèmes irrationnels qui déterminent notre rapport à l'image-texte ; ils sont toutefois bien différents de ceux qui gouvernent la lecture traditionnelle. Nous percevons la *page web* comme fugitive et ondoyante, prise dans le flot continu du Réseau. D'ailleurs, elle ne dure jamais ; et lorsqu'il souhaite réellement prolonger son étude, l'internaute imprime les pages qui l'intéressent, afin d'en apprécier plus sereinement et plus intellectuellement le contenu (en règle générale, il argue du fait que la lecture sur écran est inconfortable, sans voir qu'elle est au premier chef *attentatoire à toute imprégnation méditative*).

⋆

Une chose m'apparaît aujourd'hui clairement : mes facultés de lecture et de rassemblement intérieur ne retrouveront leur plénitude qu'à partir du jour, de l'instant même où je donnerai sur le capot de mon *portable* un solide coup de masse, un coup net et définitif. Au regard de mon aboulie, cela veut dire que je ne serai plus jamais le lecteur que j'ai été.

⋆

Encore un jour sans une ligne. Rien écrit, rien lu. Rien vécu. Au prix d'un immense effort sur moi-même, je parviens à faire quelques pas dans la rue ; mais je n'y suis pas, je n'y suis plus, je suis groggy. Avec ce qui me reste de lucidité, je fais le bilan de ma journée : un carnage. Un affront au soleil. J'ai tout sacrifié à ma vie parallèle. J'ai broyé mon temps libre avec une insistance furieuse qui m'effraie moi-même et me laisse totalement dévasté. Je suis en ruine. Mes yeux brûlés doivent se faire à la lumière du réel, je vois trouble et j'avance avec angoisse. Si un être vivant m'adresse la parole, que lui répondrai-je ? Comment pourrai-je communiquer avec lui ? Tout me fait mal, tout me fait peur. Je titube. À quoi bon ces jambes, ces bras, ce corps ? La terre ne m'intéresse plus. Je lui préfère le simulacre.

*

Palinure, « jouet des flots », entraîné si loin de soi-même et de sa vocation. Comment survivre à ce funeste ensommeillement ? Je me laisse divertir, je batifole, je jette mes heures aux latrines de l'insignifiance. Happé, *hameçonné*, je clique avec frénésie sur les *liens* de la marge droite, en bas – pourquoi l'œil s'égare-t-il toujours vers les flammèches excentrées du *télécran* ? Deux brèves superflues m'ont fait chuter dans le pur voyeurisme. La première concerne une chanteuse célèbre, connue pour ses frasques sulfureuses

– nouveau scandale, bien entendu – et la seconde relate le saut vertigineux d'un sportif du haut d'un promontoire situé à quelque trente mille mètres au-dessus de la terre – nouvel exploit parfaitement absurde. Ce bref égarement dans l'insolite et le sensationnel n'a certes rien de grave en lui-même ; mais il fait valoir l'idée que l'internet se présente à nous sous la forme d'un véritable *robinet à divertissement* : il vomit du divertissement jour et nuit, sans discontinuer (et d'ailleurs, il ne connaît pas la différence entre le jour et la nuit, il est le « monde sans sommeil ») ; il invente à chaque minute, à chaque seconde, un nouvel attrape-nigaud, un nouveau joujou, une nouvelle péripétie. Bombe *atonique*.

⋆

Il faut imaginer une vaste fête foraine, un Prater des cyclopes, où l'on trouverait, entre deux stands : un commerce, un forum, un temple ou une bibliothèque, dont la fonction, cependant, ne serait pas clairement distinguée de la fonction récréative de la Fête globale – de telle sorte qu'on s'y adonnerait, dans la même folâtrerie, à tous les genres d'activités, y compris les plus solennelles.

⋆

Il est presque certain que, pour la plupart des internautes – que je renommerais volontiers, saisissant l'occasion de l'homophonie, les *internés* –, l'allumage du grand véhicule n'est généralement motivé par aucune nécessité d'ordre pratique, mais qu'il exprime un désir incontrôlable d'être *diverti*. Le petit roi connecté s'allonge sur son divan moelleux et frappe dans ses mains en ordonnant : « Amuse-nous ! », puis il attend que son robot-bouffon lui change agréablement les idées – et *liquide* ainsi le peu de liberté dont il jouissait encore.

★

Dès le premier usage de mon *forfait illimité*, je m'en souviens très bien, j'ai inauguré ma vie numérique en déposant, sur l'autel du vide, quinze jours et quinze nuits presque entiers de *blitz* en ligne (des parties d'échecs rapides). Je ne m'arrêtais que pour manger et pour dormir un peu, le cerveau réduit aux dimensions bicolores d'un échiquier. Par la suite, j'ai régulièrement dilapidé mon énergie sur ce site de « jeu en direct », où les partenaires ne manquent jamais, quelle que soit l'heure. Il est vrai que je n'avais pas attendu l'internet pour m'éprendre follement des échecs ; mais – selon son principe de démultiplication – il réduisait considérablement les obstacles habituels qui empêchent les joueurs de sombrer dans une *partie sans fin* – quoiqu'ils y aspirent très souvent (imitant en cela, d'ailleurs, le comportement frénétique de l'internaute, aspiré dans un autre dédale de combinaisons infinies). Heureusement pour moi, j'étais alors un de ces monomaniaques du roi des jeux : j'excluais donc tous les autres, à quelques rares exceptions, dont certaines furent notables. Ainsi, par exemple, je consacrai d'innombrables soirées à un jeu de... oh ! il m'est définitivement trop pénible d'avouer cela. Je dirai simplement qu'il n'y a pas de manière plus sotte d'occuper son temps hors du travail... De surcroît, mon ordinateur, trop poussif, se bloquait régulièrement lors de ces parties, provoquant ma colère ou mon exaspération – belles soirées méditatives, s'il en est...

Je me suis également dévoyé – et appauvri – dans les paris sportifs en ligne. Il m'est arrivé de passer le plus clair de mes journées à surveiller les scores des matchs sur lesquels j'avais engagé quelques euros. Je multipliais les paris pour amplifier mes sensations et pour faire monter l'adrénaline. Je gagnais parfois, perdais souvent – perdais, au bout du compte, tout le temps ; et je me couchais tous les soirs avec un sentiment de déception et de gâchis.

Mais les jeux ne sont pas le seul gouffre dans lequel je suis tombé. J'ai découvert un forum d'une assez haute tenue intellectuelle et langagière, et j'ai commencé à le lire quotidiennement ; puis j'y ai participé à mon tour, saisi par le besoin de réagir, de débattre ou de contribuer, et je me suis trouvé rapidement dans l'incapacité de ne plus le faire. J'ai proposé de nouveaux sujets de discussion, je me suis lancé dans de longues recherches pour étoffer mes propos, ou leur donner de la consistance, ou encore les justifier après coup, lorsque j'étais piqué au vif par une remarque, aussi anodine fût-elle. J'ai donc passé, là encore, des heures interminables devant mon écran, *rafraîchissant* la page du forum à une fréquence maladive, lisant avec attention les nouvelles contributions et cherchant celles qui me donneraient l'occasion de mettre mon grain de sel, de briller peut-être – sans doute.

Cette obsession s'est notoirement exprimée dans mon rapport aux messageries et aux divers systèmes de communication. Dans certaines circonstances, je suis demeuré interminablement fixé devant ma *boîte de réception*, cliquant cent fois par heure, répondant du tac au tac aux messages reçus, attendant de nouveau fébrilement, sans pouvoir porter mon attention sur quoi que ce soit d'autre.

J'ai attrapé le prurit infernal du *commentaire* : j'ai évalué des livres, des films, des hôtels, des restaurants, des pantalons, des ventilateurs, des médicaments… J'ai donné mon avis et j'ai lu avec fébrilité les avis sur mes avis ; j'ai répondu aux réponses, commenté les commentaires, noté les notateurs. J'ai surveillé – puisqu'il faut tout dire – mes différents classements, et je me suis enorgueilli d'être le meilleur commentateur, le meilleur vendeur ou le meilleur *répondant* d'un jour. J'ai benoîtement soumis des pensées à l'opinion versatile et lapidaire de la foule invisible. J'ai subi mille affronts par les mots qui m'ont ridiculement affecté. Misérables tribulations du contributeur numérique !

J'ai consacré, d'autre part, des milliers d'heures à me renseigner, à chercher, à regarder des vidéos, à tout lire et tout voir sur les sujets les plus hétéroclites – parfois les plus idiots ; pris dans les mailles de l'hypertextualité, je me suis enlisé, perdu, fourvoyé. J'ai bu l'information totale jusqu'à plus soif, et sans trouver d'apaisement. Combien de temps ai-je littéralement englouti dans la poursuite absurde et lamentable du secret fantomatique, toujours dissimulé, toujours inaccessible ?

Il faudrait faire le compte des minutes que l'internet m'a volées – ou, si l'on adopte une position moraliste, les minutes que je lui ai sacrifiées, par faiblesse ou par jeu. En tout cas, je ne laisserai jamais dire que l'internet est un *outil comme les autres*, et moins encore qu'il est un outil *foncièrement libérateur*.

★

C'est toujours avec angoisse et stupeur que je prends connaissance de mon propre *historique de navigation*. S'il ne s'agissait pas de moi, créature éminemment raisonnable, je douterais de l'équilibre mental d'un homme capable, par exemple, d'effectuer deux cent cinquante-six recherches à l'aide de Gougueule[1] en un seul mois – soit

1. On me pardonnera d'utiliser cette déplaisante et grossière francisation, mais le « géant de l'informatique » n'a nul besoin que je lui fasse de la publicité.

presque dix par jour. Sachant qu'une interrogation de ce type entraîne généralement le curieux vers le large informationnel, et que, dans certains cas, il ne pourra retourner à la terre ferme qu'après de longues minutes, voire des heures, d'errance et de papillonnement, cela représente une durée quotidienne non négligeable. Pour comble d'inanité, la grande majorité de ces furetages obsessionnels ne répondent à rien d'utile ou d'expédient. Ils s'originent le plus souvent dans un compost de superfluité ; une saine indifférence les eût presque tous adéquatement empêchés de vampiriser mon temps et mon énergie.

⋆

Dans le *moteur de recherche* de Gougueule, le terme *Démocrite* est actuellement recherché 10 000 fois par mois dans le monde entier, *Nietzsche* 1 500 000 fois, *Messi* 10 000 000, *Harry Potter* et *Star Wars* 25 000 000 respectivement. Parmi les mots les plus recherchés en 2014 à l'échelle nationale, on trouve le nom de l'actrice *Julie Gayet*, celui de la « personnalité médiatique » *Nabilla Benattia*, au coude à coude avec *Coupe du Monde* ou encore *iPhone 6* et *Game of Thrones*. L'actualité sensationnelle, le divertissement et la technique. Si l'on ajoute à cela quelques termes courants de la vie pratique et administrative (*recettes crêpes*, *comment voter blanc*), ainsi que les marques commerciales, toutes les principales dimensions du Réseau sont représentées ; et l'on voit qu'elles s'inscrivent en premier lieu dans la circonférence étroite de l'instant.

⋆

Anecdote. Je saisis le nom « Martial » dans le *champ de recherche.* L'auteur des *Épigrammes* n'arrive qu'en quatrième place dans la liste des résultats, devancé par le très peu ancien Anthony Martial, footballeur de son état, dont il est abondamment question dans l'*actu*. La *notice Wikipédia* de ce dernier précède évidemment celle du « Martial (poète) » ; et n'était cet article assez vain (car trop inadapté à la demande des cabris internautes), le poète n'apparaîtrait sur la Toile que tout à fait marginalement, dans une brève citation, ou dans la référence d'une étude plus générale. Cela s'explique aisément par le fait qu'il ne joue pas, et n'a jamais joué dans le club de Manchester.

⋆

Parce qu'il est l'instrument par excellence de l'immédiateté, l'internet enchaîne les hommes aux rives de l'éphémère et de l'actuel. Il prolonge et amplifie l'activité mentale superficielle, au détriment de la mémoire et de l'imprégnation psychique à long terme, donc au détriment de la culture. Qui a jamais appris un *PDF* par cœur ?

⋆

J'ouvre un *onglet*, puis aussitôt un deuxième, puis un troisième, un quatrième, un cinquième, etc. J'ajoute, je multiplie. Mon cerveau se dédouble, se disloque et s'éparpille. Je suis ici et là ; je suis là avant d'être ici, et encore ailleurs simultanément. J'oublie où j'étais et je me transporte déjà vers l'endroit où je serai, à l'infini. Huitième, neuvième, dixième *onglet*. Ce n'est pas un cheminement, mais un piétinement, un embourbement : les bribes, les morceaux entamés s'accumulent et m'entraînent dans la vase de l'imperfection. Je n'achève rien, je me perds, je me noie. Chaque fenêtre est un appel ; et comment répondre à tous ces appels ? Lequel sacrifier ? Dans quel ordre faut-il répondre ? Incapable de *hiérarchiser mes priorités*, étourdi par le nombre, je préfère fuir en avant, ouvrir sans cesse de nouvelles pistes, m'égarer toujours davantage au fond de mon labyrinthe – là où la fièvre du mouvement cautérise ma perdition.

⋆

Il serait tout à fait naïf de croire que le pullulement des fenêtres ouvertes dans l'environnement de nos écrans indique une grande activité, ou même un souci de rapidité et d'efficacité dans le traitement de nos tâches diverses. Notre aptitude à l'ubiquité est bien trop faible ; et d'ailleurs, si l'on veut être parfaitement honnête, elle est inexistante. Nous ne pouvons que diminuer l'espace temporel qui sépare deux phases de notre activité webmatique. La vraie raison de notre tendance à lancer plusieurs applications, à ouvrir plusieurs pages et documents, c'est le sentiment de remplissage et de potentialité que nous donne cette profusion toute-présente ; et c'est surtout le besoin irrésistible que nous avons de *faire tourner la machine*, de la sentir vrombir et se déployer, conquérir le territoire de sa puissance – territoire dont nous sommes les résidents, pendant le temps que dure la connexion, et sur lequel nous nous sentons nous-mêmes si *exagérés* que nous n'avons d'autre désir que de prolonger indéfiniment notre hypnose. Aussi les innombrables *onglets* qui voisinent dans notre *barre des tâches* participent-ils directement à la satisfaction de ce désir, dans la mesure où il faudra les refermer – un par un plutôt qu'ensemble : un ultime contrôle est toujours nécessaire : cela éloignera encore le moment de clore définitivement la fenêtre, et de revenir au triste monde.

⋆

La liste s'allonge de mes *favoris* ; au fil de mes déambulations sur le Réseau, j'ai accumulé les *URL* comme on accumule la paperasse inutile, pour plus tard, pour un jour où je serai disponible – jour qui s'obstinera à ne jamais advenir et qui, si jamais il advenait, serait tout occupé par les découvertes les plus récentes. Un site, à peine survolé, me semble digne d'intérêt ; je le stocke dans mon *marque-page*. Il y demeurera des mois, des années, sans qu'à une seule occasion je n'éprouve le besoin de le consulter, comme s'il avait perdu, dès son classement, tout pouvoir de susciter la curiosité et l'excitation de la découverte – pouvoir qu'il a eu, pour moi, le temps de ma visite évasive de quelques-unes de ses ramifications. Nous sommes devenus si pauvres en concentration : comment pourrions-nous exploiter méthodiquement ces masses de textes, de sons et d'images qui n'ont aucune priorité – c'est-à-dire aucune nécessité ?

Bien sûr, les sites qui échappent à la négligence sont ceux qui vivent, qui se renouvellent et nous inspirent une curiosité permanente. Nous les visitons plusieurs fois par jour afin d'assouvir cette curiosité insatiable. L'immobilité est l'ennemie jurée du Réseau ; et bien plus encore, l'*impersonnalité* : toute connaissance qui n'est pas reliée à la vie connectée, qui ne nous met pas en rapport avec le peuple en ligne, est incompatible avec l'état psychique de l'*interné*. Une page inexpressive, quel que soit son intérêt objectif, le laisse sur sa faim ; il n'est profondément lui-même que dans le jeu des *interactions* perpétuelles – dans l'extase des incarnations multiples.

⋆

C'est sous la plume de Baudrillard qu'on peut lire les choses les plus clairvoyantes sur notre rapport aux « nouvelles technologies » (de même que

G. Anders avait magnifiquement dévoilé les pans essentiels de la télévision). Il a raison lorsqu'il dit que la démarche de « l'homme télématique » n'est pas tant de s'informer ou de communiquer que « d'explorer toutes les virtualités d'un programme, comme le joueur vise à épuiser toutes les virtualités du jeu ». Il ne soupçonnait d'ailleurs pas à quel point ces virtualités s'enrichiraient jusqu'à offrir l'illusion de l'infini. L'internet a presque toutes les caractéristiques du jeu telles que Caillois les a définies : la navigation virtuelle est librement choisie (sauf en d'assez rares circonstances), incertaine (on ne sait jamais précisément où les flots numériques vont nous entraîner, même avec un objectif précis), soumise à des protocoles spécifiques, et fictive (dans la mesure où elle se déroule entièrement dans un monde « irréel ») ; elle est souvent – mais pas toujours – improductive. La seule condition qu'elle ne semble pas respecter est d'être circonscrite dans des limites d'espace et de temps ; c'est même précisément le contraire, puisqu'elle amène bien souvent l'utilisateur à déborder largement sur le temps de connexion qu'il s'était imparti, et cela dans un « espace » peu définissable. En tant que vaste territoire sans carte, et sans limites apparentes, l'internet relève incontestablement de la *mimicry* (simulacre), de l'*alea* (hasard) et de l'*ilinx* (vertige) ; en tant qu'énorme arène peuplée de fantômes anonymes, il se range dans la catégorie des jeux agoniques, où les ego se comparent et s'affrontent en permanence (bien qu'ils nomment cela « communiquer »).

Dans toutes les déclinaisons de son programme essentiel (épouser le désir de l'homme), l'internet revêt une forme *ludique*, y compris, assez souvent, lorsqu'il est utile et « sérieux ». Je n'évoque même pas le fait qu'il est en lui-même un grand portail vers tous les jeux en ligne qui dévorent chaque jour des torrents d'énergie humaine. C'est absolument dans la nature même du simulateur de vie que de proposer d'innombrables moyens de s'abstraire du réel ; c'est là, bien sûr, l'une de ses plus ardentes *vocations*.

⋆

Baudrillard, encore : il décrit l'internet comme le « spectacle de la pensée ». Il est vrai que la pensée et toute la vie de l'esprit se manifestent à l'écran sous une forme spectaculaire et chatoyante. L'information et l'apprentissage, à cet égard, n'y sont jamais incompatibles avec le jeu et le divertissement ; c'est même avant tout l'aspect ludique et amusant du grand *show* multimédia qui ravive sans cesse notre soif de culture et d'information. Nous, les internautes, nous ressemblons aux petits enfants qui manipulent des cubes versicolores ; et nos recherches les plus austères au cœur du livre immatériel ont toujours une saveur de chasse au trésor et de rébus.

⋆

« La tentative de connexion a échoué » : le verdict s'affiche sur mon écran, terrible. Insupportable. Je tente de relancer mon *explorateur* ; ma deuxième tentative échoue également. Désarroi, panique, sueurs. Je vérifie les branchements. Je regarde un peu partout, saisi par l'angoisse, livré à l'inconnu : et si la panne était grave ? Si elle était définitive ? Il est déjà tard et cela signifierait qu'il me faudrait passer au moins toute la soirée sans connexion, isolé, démuni, impuissant. Cela signifierait la privation du monde, l'exil subit aux confins du silence. Que vais-je faire ? Vers qui vais-je pouvoir me tourner ? La vie, en l'espace d'un instant, est devenue problématique. Que m'arrive-t-il ? Que m'est-il arrivé ? Je n'ai pas vu s'installer ma servitude. Quelques minutes de *coupure* et je suis parfaitement désemparé. Quelle folie. Depuis quand l'ordinateur est-il au centre même de ma vie ? Depuis quand programme-t-il mes soirées, et la totalité de mes jours ?

Le cœur battant, je procède à quelques manipulations, suppliant la machine au plus profond de moi : « Respire ! Respire ! Ne m'abandonne pas, j'ai *besoin* de toi ! » L'icône du réseau est toujours affublée d'un petit signal jaune – « pas de connexion » – symbole féroce dont la vue m'accable ; puis le triangle disparaît. Je retiens mon souffle, n'ayant que trop l'habitude des fausses joies de l'informatique. Oh ! bonheur ! la connexion semble rétablie. L'*explorateur* démarre, et l’attente devant l’écran blanc me semble interminable. Enfin, ma *page d’accueil* s’affiche. Un immense sentiment de réconfort m’envahit ; je m’immerge à nouveau dans l’onde bienfaisante – je suis sauvé.

Une mer sans limites

« En un seul mot je puis tout t'apprendre : l'inventeur de tous les arts dont jouissent les mortels, c'est Prométhée. »

Eschyle

Parmi les choses qui nous asservissent à la connexion, celle qui me paraît la plus délicate à contourner, la plus pesante objectivement, tient au fait qu'une grande partie de nos démarches, transactions et communications s'effectuent désormais presque exclusivement *en ligne*. Nous achetons en ligne, nous vendons en ligne, nous déclarons nos impôts, gérons nos comptes bancaires, saisissons des formulaires administratifs, nous nous informons, contactons nos familles, nos amis et nos collègues, préparons nos voyages, réservons toutes sortes de billets pour nos loisirs, etc. Ces possibilités nouvelles doivent sans doute être considérées comme des « progrès » du point de vue de l'usager – je n'essaierai pas ici de déterminer dans quelle mesure elles engendrent une profonde désincarnation des relations humaines –, mais du point de vue de celui qui veut se désengager du Réseau, la centralisation de toutes les procédures *tombe assez mal*. D'abord, il ne peut pas espérer se défaire totalement du Réseau, même de façon provisoire : il lui faudra bientôt replonger dans l'Océan sans limites et *régulariser sa situation.* Ensuite – et là réside entièrement le problème –, il ne saurait non plus résister bien longtemps aux appels de l'hypermonde, il ne saurait bien longtemps se discipliner : un jour ou l'autre, à l'occasion d'un bref et utilitaire séjour sur quelque site officiel, il ressentira le besoin de suivre un lien, de *cliquer* sur une bannière ou une image, de chercher le mot ou l'idée qui lui trotte dans la tête – et le non-temps de la sphère électronique l'emportera, comme elle emporte l'humanité entière, *hic et ubique terrarum.*

⋆

L'internet réaménage l'espace de notre existence ; il change l'organisation de notre vie matérielle – je l'ai dit plus haut –, mais aussi de notre vie affective, psychique et mentale. C'est du moins ce que j'ai pu observer sur moi-même ; et je ne crois pas exagérer en affirmant que cette influence est ressentie par une majorité d'*internés.*

Le Réseau met les deux pieds dans notre univers ; sa tentaculaire présence nous envahit, nous colonise et nous transforme. Nous sentons, nous aimons, nous pensons, nous vivons à travers lui. Une douleur inconnue nous saisit : Réseau ; un sentiment de solitude nous étreint : Réseau ; une envie de parler à quelqu'un nous prend : Réseau ; une définition nous manque : Réseau ; un doute s'empare de nous : Réseau ; une idée nous vient, quelle qu'en soit la nature : Réseau ; nous cherchons un conseil, une information, une astuce, un avis, un commentaire, une preuve, un réconfort, une ouverture : Réseau. Dès lors, il devient impossible de s'extraire de cette toile visqueuse où notre système neuro-cérébral s'abreuve inlassablement. Chaque jour, pour ce qui me concerne, *je pense au Réseau* plus de cinquante fois ; plus de cinquante fois, chaque jour, je trouve une occasion d'utiliser la pompe à renseignements. Mon esprit est assisté par ordinateur ; ou bien c'est l'ordinateur qui se nourrit de mon esprit – qui sait ? Dans cette *interconnexion* permanente, qui s'accroît et qui diminue ? Qui apprend et qui oublie ? Une chose est certaine : la machine humaine augmentée de l'internet ne fonctionne plus comme avant ; elle fonctionne désormais de telle façon que l'internet lui devienne indispensable, en lui apportant le remède au poison qu'il a injecté dans ses neurones.

★

« Je ne pourrais plus me passer d'internet », déclarent, unanimes, les cyberhumains. « Je ne sais pas comment j'ai pu vivre sans internet, je ne me souviens même plus du monde d'avant Lui. » Il est vrai qu'on a vécu, longtemps parfois, sans l'internet, ni plus ni moins heureux, ni plus ni moins hommes. J'ai passé les vingt-cinq premières années de ma vie sans le Réseau, et sans ordinateur personnel ; et maintenant, il me semble à moi aussi que je ne pourrais pas « vivre sans internet », que tout serait beaucoup plus difficile, inconfortable et lent. Je suppose qu'il en fut de même pour les générations qui découvrirent la roue, l'électricité domestique ou le téléphone. Si nous nous réveillions tous un jour dotés de petites roulettes à nos chevilles, je ne doute pas qu'il adviendrait assez vite un moment où nous ferions remarquer à nos amis que l'époque où nous marchions sans roulettes nous paraît lointaine, et presque irréelle. Notre capacité d'accoutumance est infinie ; et ce n'est que dans la mesure où l'internet modifie notre environnement quotidien et nos habitudes que nous le croyons devenu indispensable ; mais c'est notre vie, c'est le présent, qui est indispensable.

Quand la panne du siècle aura lieu, nous précipitant dans le vide angoissant du silence et de la nuit, rompant tous les liens qui nous unissent aux autres, nous redeviendrons en un tournemain les hommes du silence, de la nuit et de l'effort. Nous nous demanderons : « Comment avons-nous pu vivre *avec* internet et toutes ces machines qui nous entravaient et nous avilissaient ? », et nous aurons toutes les peines du monde à nous souvenir de ce temps révolu où nous passions nos journées devant nos écrans, sans parler, sans marcher et sans contempler le vaste ciel.

⋆

Je subis l'attraction de mon processeur ; et pour mieux m'enchaîner à lui, pour faire taire la voix du libre arbitre (ou ce qu'il en reste), *je crée mon propre besoin*. Je me persuade qu'un « coup d'œil à ma messagerie » est indispensable, qu'il est urgent de trier ma *boîte de réception*, que le fait d'écouter ma *playlist* n'a rien à voir avec l'internet (mais alors, je pourrais tout aussi bien écouter la radio – pourquoi ne l'écouté-je pas ?) ; j'invoque telle ou telle nécessité d'airain pour chavirer avec délice dans une enquête superfétatoire. *La vérité, c'est que je désire être en connexion, en relation intime avec la machine*, et que j'ai le plus grand mal à ne pas le désirer à tout instant, incessamment, éternellement. Il ne me semble d'ailleurs pas nécessaire, pour attiser ce désir, de multiplier les centres d'intérêt : une seule passion, une seule fièvre, une seule manie, et le feu prend. Je connais par exemple une mère de famille qui voue la plupart de son temps libre à la seule rédaction d'un *blogue* où elle retrace le cours de sa non-vie. (Bien sûr, elle se promet chaque jour de se limiter, etc.)

⋆

Les messageries, les sites de jeux en ligne, ainsi que les « réseaux sociaux », présentent l'inconvénient commun – qui nous apparaît généralement comme un avantage – d'être *absolument accessibles*. Il n'y a qu'un geste à faire (ce geste, qui est notre dernier rempart contre l'intégration parfaite de la machine à l'esprit humain) et le contact est établi, le pari lancé, le message lu ou envoyé – et cela, à n'importe quelle heure du cadran. L'internet n'a pas d'horaires d'ouverture, pas de dimanches, pas de jours fériés. Il est la mère dispensatrice de tous les bienfaits, toujours prompte à assouvir nos besoins, à nous cajoler, à nous abreuver ; et dans son vaste giron, nous retournons loin en arrière, à l'omnipotence du premier âge.

*

Je parlais de la radio : l'internet a modifié – amplifié – notre façon de l'écouter. Sous sa forme classique, elle n'offre évidemment pas les mêmes possibilités que l'internet en la matière ; elle impose son programme (sa *grille*), tandis que l'internaute le choisit, l'organise, et le change à volonté. L'auditeur peut passer d'une station à l'autre, il ne peut pas construire entièrement sa propre station ; il s'accommode d'une réalité contrainte (bien qu'assouplie par sa diversité), il n'invente pas une réalité pliable, adaptable à tous les caprices de son désir. Le phénomène que l'on désigne depuis longtemps par le mot « zapping », applicable à la radio aussi bien qu'à la télévision, n'était qu'un avant-goût des comportements internétiques. Sur l'internet (comme dans tous les systèmes connexes « on demand »), on ne se déplace pas d'un programme à l'autre, on déambule à l'intérieur d'un programme unique, mais idéalement constitué de tous les fragments de programmes que nous avons préalablement sélectionnés ; de telle sorte que soit comblé jusqu'au dernier espace vide de notre assouvissement, et que s'affermisse le lien libidineux qui nous attache à notre pourvoyeur de béatitude.

⋆

Si le pouvoir de l'internet sur ma volonté est si grand, c'est parce qu'il est associé, dans la mémoire de mon corps, à divers types de sensations agréables : détente, excitation, jeu, étonnement, plaisirs visuels et auditifs, stimulation intellectuelle, contact avec le monde, anonymat, liberté relationnelle, aventure, puissance, etc. Le « principe de plaisir » y prédomine amplement, peut-être absolument. Les joueurs, les artistes et les enfants y sont perdus d'entrée. Une fois la porte de l'irréel franchie, ils ne peuvent plus faire marche arrière. Il n'est plus question pour eux de se *fixer un cadre.*

⋆

Pour avoir été fumeur et joueur polymorphe, je sais à quoi ressemble un comportement d'*accoutumance* ; et tout me porte à croire que l'internet, à cet égard, peut être légitimement considéré comme une drogue. L'article « Dépendance à Internet » de *Wikipédia* commence ainsi : « La dépendance à l'internet (également nommée cyberdépendance, cyberaddiction, usage problématique d'Internet (UPI) ou trouble de dépendance à Internet (TDI)) désigne un trouble psychologique entraînant un besoin excessif et obsessionnel d'utiliser un ordinateur et interférant sur la vie quotidienne. La dépendance à internet peut être considérée comme pathologique ; elle est par ailleurs diagnostiquée dans le manuel diagnostique et statistique des troubles mentaux (*DSM-IV*) en tant que modèle de description du TDI. »[1] Parmi les symptômes psychologiques attribués au TDI, j'ai souffert, je souffre de ceux-ci : sentiment de bien-être et d'euphorie lors de l'utilisation d'internet, incapacité à arrêter d'utiliser internet, besoin d'augmenter de plus en plus le temps d'utilisation d'internet (je ne me suis toutefois jamais relevé la nuit), manque de temps pour la famille, les amis et d'autres loisirs ; parmi les symptômes physiques, j'ai ressenti, je ressens ceux-là : sécheresse des yeux, maux de tête migraineux et maux de dos atténués. Surtout, il y a toujours cet automatisme inconscient, cette invasion de la vie psychique par un besoin impérieux de s'accoupler à la machine, de *cliquer*, de se plonger dans l'écran, d'établir un contact avec le flux synesthésique du Grand Maelström. Il est impossible de ne pas y

1. https://fr.wikipedia.org/wiki/D%C3%A9pendance_%C3%A0_Internet, 23-02-2016.

penser ; tout y ramène. La vie réelle dans sa quasi-totalité est devenue prétexte à *naviguer* ; le moindre détail, la plus infime interrogation, le plus léger doute se prolongent tout naturellement dans le *champ de recherche de Firefox.* Je suis absolument dépendant de cette toxine électronique ; et malgré mes velléités d'autodiscipline, je ne me considère pas du tout comme étant en voie de guérison, puisque toute nouvelle connexion se solde invariablement par un lamentable échec de ma volonté.

⋆

« À quelle fréquence avez-vous pensé que la vie sans internet serait ennuyante, vide et sans joie ? », demande-t-on à ceux qui passent l'*internet addiction test.* Rarement ? Occasionnellement ? Parfois ? Souvent ? Toujours ? J'hésite entre souvent et toujours. D'après mon score à ce test, mon usage de l'internet est « problématique », « avec de possibles conséquences » sur ma vie. Selon les spécialistes, près de deux millions de Français se trouveraient dans la même catégorie que moi. Près de deux millions de Français négligent un aspect primordial de leur vie pour se connecter toujours davantage, avec toujours plus de fébrilité dévorante. À ce ravage objectif, les autorités publiques répondent par une belle volonté de « réduire la fracture numérique » sur toute la surface du territoire, et au plus tôt.

⋆

Il se trouvera toujours quelqu'un pour me dire que l'internet n'est pas la cause de mon addiction, mais son support – et qu'il ne possède *en lui-même* aucune propriété asservissante (contrairement à la cigarette, par exemple). Il est indéniable que tous les individus connectés ne sombrent pas dans la compulsion qui caractérise les anxieux, les voyeurs et les obsédés (dont je suis) – tout comme certains fumeurs parviennent à consommer raisonnablement –, mais on ne peut faire semblant d'ignorer que, parmi les utilisateurs de l'internet, une grosse majorité a déjà fait, une fois au moins, l'expérience d'une *perte de contrôle* ou d'une fascination hypnotique. L'internet fournit de toute évidence une gamme assez vaste de sensations plaisantes auxquelles nous sommes tentés de revenir – jusqu'à la folie parfois. En Chine, il existe aujourd'hui – chose horrible – des camps de rééducation pour adolescents « drogués » de l'internet, dont certains sont tellement durs qu'on y a déjà réprimé la vie elle-même. Dans un registre plus occidental, de nombreux logiciels ont été conçus pour bloquer momentanément les connexions des plus aliénés. Ironiquement, l'un d'eux se dénomme *Freedom* (liberté). Très ironiquement, d'ailleurs, ses vendeurs promettent de rendre l'*interné* à sa productivité perdue.

Où se situe la cause profonde de ces excès ? Dans les entrailles de l'humanité, ou dans la puissance enivrante de la machine ? Et si, comme cela se voit très souvent, la réalité n'était que l'assemblage complexe et insaisissable de ces deux aspects ? Il faudrait alors pointer du doigt l'humanité (mais n'a-t-elle pas amplement démontré qu'elle savait se critiquer elle-même ? N'est-elle pas consciente de sa faiblesse ontologique ?) et, du même doigt, pointer la machine, l'Objet supposé tout ignorer du mal et du péché. N'y a-t-il pas un *hybris* de la machine, une monstruosité de l'artifice, dont nous serions les misérables docteurs Frankenstein ? N'avons nous pas mis au point des créatures sublimes, au chant duquel nul homme ne peut résister ? Il n'y a pas d'asservissement sans force tyrannique, et même si nous préférons tout expliquer par le moyen d'un psychologisme accusateur (l'homme est son propre tyran), nous devrons bien un jour accepter l'idée qu'il y a dans la technique un germe de ravissement et d'oppression autonomes.

⋆

Daniel Cérézuelle écrit : « C'est parce que l'homme est un être de chair que le déploiement rapide de la puissance technicienne peut avoir des effets désorganisateurs, voire déshumanisants, tant au plan individuel que collectif. »[1] Il parle du déploiement *symbolique* de la technique, les

1. Daniel Cérézuelle : « Métaphysique de l'accident », *Entropia*, n° 3 (2007).

dimensions symboliques et charnelles étant étroitement liées dans l'homme. Le symbole agit sur la matière, modèle le corps ; et le corps s'exprime à travers le symbole.

Je suppose que l'internet est une forme symbolique autant qu'une réalité technique. Il est auréolé d'un imaginaire spécifique, dont la puissance est proprement effrayante, si l'on considère la facilité avec laquelle il s'est imposé dans la vie matérielle – pour ne pas dire *corporelle* – de l'homme contemporain, et si l'on regarde froidement les dégâts qu'il a produits sur notre organisation individuelle et collective.

L'internet n'aurait donc pas autant d'effets sur notre corps – nos émotions, nos sens, nos nerfs, nos muscles – s'il n'était pas serti d'une aura symbolique (et l'inverse est sans doute vrai). Il s'agit probablement de la même aura qui entoure le phénomène technicien moderne dans sa globalité, une aura de toute-puissance, de progrès et de sympathie universelle.

⋆

L'énergie se perd dans l'espace béant du Réseau comme dans une spirale insatiable. Tout notre être est aspiré hors de nous et s'évacue par nos yeux, par nos mains, et par toutes les extrémités de nos membranes psychiques. Nous oublions que nous sommes des êtres de chair, transportés dans le cinquième élément, écartelés, dématérialisés. Une part subtile de nous-mêmes nous échappe et sillonne la Néo-Réalité en quête de son assouvissement. Nous ne sommes pour elle qu'un *matériau conducteur* : elle nous siphonne et nous éreinte. Elle nous laisse anéantis. Le *gamer* fiévreux s'endort sur son clavier. Le chercheur compulsif perd le sommeil. L'onaniste blême se consume. Tous les démons en charpie agonisent immobiles, devant leur écran, le corps en berne, et l'âme pétrifiée. Ils se sont éclatés dans l'onde infinie et s'affalent dans la tourbe épaisse ; ils se sont rêvés champions des vastitudes, et se réveillent *périphériques* usés de leur propre machine.

★

Ma mémoire défaille. Les mots m'échappent. J'oublie des noms que je pensais ne jamais pouvoir oublier. J'oublie des fragments de locutions ou d'aphorismes, et mes phrases demeurent suspendues dans un vide angoissant et cruel. J'invente des épithètes nouvelles, je façonne un vocable insensé et grotesque. Aussitôt lues, les pages de mon livre s'effacent de ma conscience, et le fil de ma lecture s'effiloche lamentablement. Que m'arrive-t-il ? Se pourrait-il que ma mémoire ait été *transférée sur mon disque dur* ? La part la plus enfouie de ma conscience a-t-elle été engloutie par son double – l'infini de la base de données ? L'archétype de l'Univers, en moi, s'est-il reconnu dans l'Univers de l'outre-écran ? Les deux infinis se sont-ils confondus ? Se sont-ils épousés ? Et dans cette union périlleuse, ma vie psychique n'a-t-elle pas été considérablement diminuée ?

★

Tant qu'à passer le plus clair de mes journées rivé à un écran, à m'acquitter de tâches insignifiantes, une heure ou deux d'évasion numérique ne semblent pas perdues – en tout cas, elles ne sont pas plus perdues que les autres –, elles sont même, à vrai dire, moins inutiles et moins crétinisantes. Je dois reconnaître au Réseau cet avantage (quand on peut, comme moi, l'invoquer assez commodément durant son temps de bureau) : il sauve les techniciens du marasme total (et l'informatique n'a-t-elle pas fait de nous tous des techniciens ?). La captivité stérile expie la captivité rentable : triste alternative.

★

Les personnes de ma connaissance qui ne sont pas équipées de l'internet à domicile – des êtres rares qui se méfient judicieusement de la technique – ont jusqu'à présent résolu le problème en exploitant leur connexion professionnelle (habitude aujourd'hui tellement courante qu'elle est pour ainsi dire avalisée par tous les règlements intérieurs). Ce faisant, elles évitent le danger de se laisser porter trop longuement par la Vague indécise et multiple. Elles ont savamment encadré leur pratique dans de rigoureuses limites, au-delà desquelles une méfiance instinctive les retient de s'égarer – cette même méfiance qui les avait pour la plupart préservées de la télévision et du téléphone portable.

Tout est là : *il faudrait pouvoir se limiter*. Combien d'internautes, de par le monde, ne se sont-ils pas donné cette consigne, et n'ont-ils pas déjà exprimé le regret qu'il fût si peu possible d'accéder à la plus élémentaire sagesse – celle qui leur apporterait la volonté d'éteindre la machine avant de succomber à ses perfides attraits ?

Il faudrait pouvoir se limiter, mais on n'y parvient pas. On désire profondément ce voyage dans l'inconnu et dans le dévoilement – car tous les êtres, et toutes les choses, se révèlent au cœur de l'hypermonde, provoquant en chacun de nous l'appétit furieux de la découverte, *l'ivresse de la profanation*.

⋆

L'un des principaux plaisirs que ressent l'*interné* vient du fait que, en tous les lieux du Réseau, il peut jouer à l'espion. Tout écran est un œil indiscret, tout homme derrière l'écran est un voyeur. Il entre partout, invisible et assourdi ; il promène sa pupille et son tympan électroniques au cœur des intimités qui se donnent en spectacle ; il ouvre les albums de famille, écoute aux portes, regarde par le trou des serrures, visite les chambres, lit les journaux secrets. D'un homme imprudent et disert, il peut retracer la vie entière, les amours, les frasques et les malheurs. Il est présent là où il veut, quand il le veut – sans voir qu'il est lui-même espionné par les autres et par le Cerveau suprême. Le panoptique est réalisé.

⋆

En aparté. Combien d'hommes auront-ils pu résister à la tentation de dénuder les femmes à volonté, sur la simple pression d'un doigt, et de les jeter en pâture à tous les excès, toutes les licences, tous les caprices de leurs imaginations ? Quel mâle un tant soit peu lubrique peut-il prétendre n'y avoir même jamais songé ?

⋆

Il n'y a pas d'internaute modéré ; seul pourrait prétendre à ce qualificatif un individu qui ne hanterait pas le Réseau, à des fins personnelles, plus de deux heures par mois – et personne ne l'a jamais rencontré. Comment nous priverions-nous volontairement de notre *respirateur social* ? Comment cesserions-nous de boire et de manger le Corps vivant du Monde ? Pouvons-nous chasser notre ombre mentale, réduire notre volonté de puissance ? Le Réseau ressemble trop à la vie ; il s'écoule dans nos veines et souffle dans nos poumons. Nous sommes en lui, il est en nous ; nous regardons au fond de lui, il regarde en nous – tout comme l'abîme.

★

Par quel processus devient-on un esclave de l'internet ? Qu'est-ce qui distingue un internaute capable de se limiter, raisonnable et parcimonieux (si un tel parangon de vertu existe), d'un internaute immodéré, asservi et compulsif ? Autant demander ce qui est à la source de toute dépendance et de toute démesure ; mais quel genre de plaisir – ou de faux plaisir – est frénétiquement recherché par l'*interné* ? C'est une question à laquelle il est difficile d'apporter une réponse universellement valable, aussi je me bornerai à mon cas personnel (qui ne peut pas, cela dit, être *uniquement* personnel).

D'après ce que je sais de moi-même et de mon expérience, il appert que je ressens, lors de mes connexions, *une volupté de l'infini, une extase du toujours possible et du toujours neuf*, ainsi qu'un sentiment de puissance absolue, dont il faut chercher l'origine dans le pouvoir que nous procure le Réseau de tout révéler, de tout connaître et de tout apprendre. N'y a-t-il pas là de quoi tenter le meilleur d'entre nous ? Qui n'a jamais succombé au désir d'explorer les voies inconnues qui s'ouvraient devant lui, bien au-delà du champ restreint de sa quête ? L'internet, à chaque fois que nous l'invoquons pour nous informer, nous entraîne imperceptiblement dans l'arborescence illimitée de notre sujet, aussi rudimentaire soit-il. D'une broutille, il fait un compendium à thème. D'un nom, il fait un dictionnaire biographique. Il nous incite à toujours plus de précision, toujours plus d'ornement, toujours plus d'exhaustivité. Si l'on ne met pas volontairement un point d'arrêt à ses habiles suggestions, il inventera de lui-même notre parcours cognitif, il pensera à notre place et se servira de notre instinct de connaissance pour déployer ses immenses capacités, aux dépens de notre temps et de notre autonomie intellectuelle. Quant à nous, il nous semble avoir amassé tout un butin d'informations nouvelles. Nous avons *fait le tour* de la question et nous sommes replets d'un savoir qui ne nous manquait pas, à l'origine, au point de lui consacrer des heures, des jours, des mois peut-être.

⋆

La plus grande puissance que nous confère l'internet est incontestablement celle de l'association, de la mise en relation efficace et rapide des données entre elles. Munis de ces bottes de sept lieues virtuelles, nous bondissons d'un rivage à l'autre de la connaissance, au gré de nos intentions, et nous découvrons des raccourcis étonnants qui font éclater, sous nos yeux ébahis, les cloisons que nous pensions étanches entre les domaines éloignés de la science et du vivant. Le revers de cette puissance est qu'elle nous fascine et nous étourdit. Elle ne nous sert pas gratuitement ; nous lui offrons en retour des hécatombes de temps, de maîtrise et d'énergie. Nos explorations du Réseau sont généralement trop saccadées, trop rapides, trop superficielles pour générer un savoir authentique et pérenne. Nos lectures inattentives, qui ne sont ni filtrées, ni médiatisées, ni sérieusement imbriquées dans une perspective globale, ne nous apportent que des bribes d'érudition volatile et confuse. Là encore, il est difficile d'affirmer que l'homme tire un net avantage de son accouplement avec la machine pensante.

⋆

Rien n'est plus irritant que ces longues minutes passées devant l'écran immobile, à attendre que le système se rétablisse, que la mise à jour soit effectuée, ou que le bogue se résolve. Combien d'heures, combien de jours perdons-nous, dans la vie numérique, à ne rien faire d'autre qu'attendre ? Tous ces instants dévorés par la Technique, tous ces moments d'angoisse, d'irritation, de colère et de désespoir que nous aurions pu consacrer à l'édification de notre liberté ! Couper ces câbles !

Recours au silence

« Le Silence seul est digne d'être entendu. »

Thoreau

J'entends dire que la « déconnexion » devient à la mode, qu'elle est un phénomène aujourd'hui plutôt répandu et que l'Occident regorge de déserteurs waldéniens. Il n'y aurait rien de plus courant, de plus banal, que la tentative de retour à la vie réelle, après des années de suffocation numérique. D'un avis que je crois assez largement partagé, il ne faudrait y voir que les toquades superflues de quelques dandys urbains. Certes, la contemption soudaine et radicale du réseau n'est pas dénuée d'un certain ridicule, surtout venant de la part des technophiles les plus acharnés (et qui le demeurent, souvent, à tout autre égard). Certes, le refus de ce qui est là et qui n'est plus amovible, et qui s'impose malgré nous, peut sembler très vain ; mais qu'importe : il n'en est pas moins vrai que ces *replis stratégiques* sont une preuve éloquente, s'il en fallait une, que l'internet *outrepasse des limites* et nous accule à des choix extrêmes. Jamais « outil » n'avait produit de tels effets sur la vie intérieure des hommes ; jamais emploi d'un artefact n'avait provoqué un tel détraquement et une telle submersion psychiques.

★

L'internet a horreur du vide. Il abhorre également, plus que tout, le *silence*. Sans doute est-ce l'une des raisons pour lesquelles, en se déconnectant, l'esclave de l'écran éprouve une sensation de soulagement et de paix. Il vivait dans un tumulte incessant depuis de longues années ; des voix, des sons, des échos lui parvenaient de toutes parts, sans interruption ; c'est un peu comme si la planète entière s'était invitée chez lui. Il n'avait plus un moment de solitude et de retour à lui-même ; dans son univers, l'ombre, la nuit et le recueillement n'existaient plus. Tout n'était que clameur et précipitation d'un jour éternel.

★

Ayant moi aussi tenté l'expérience d'un sevrage relatif de ma connexion, j'ai vu que son effet proprement libérateur – effet bien réel – n'avait duré qu'une ou deux semaines, durant lesquelles mon psychisme a été soudain délesté d'un poids, épuré, désengorgé. Je sortais d'une cave obscure après plusieurs années de réclusion ; et dans la clarté nouvelle du jour, je redécouvrais l'espace et je retrouvais la notion du temps. Un certain calme en effet, une certaine disponibilité, remplaçait l'agitation perpétuelle de la vie connectée ; mais bientôt, ces sensations agréables, effets passagers de toute délivrance, n'ont plus été ressenties avec la même intensité – ce qui est absolument conforme à la nature des *recentrages*.

Nota bene. Il nous arrive aussi, bien que rarement, d'être trop occupés *dans la vie réelle* pour avoir même le temps de nous soucier du Réseau. L'illusion de notre dépendance à son égard ne serait-elle pas bientôt chassée par une existence pleine et stimulante ?

J'avais un très net sentiment de purification intérieure et de retour à une vie décente, à une vie *propre*. Je constatais à quel point la compromission de soi dans la curiosité générale et fatidique de l'hypermonde avait sali mon âme et troublé mon esprit. Je me rendais tout à coup inaccessible à cette meute invisible qui rampe dans les basses-fosses du Réseau et vous prend en filature obsessionnelle. D'un simple geste, j'avais refermé la trappe du cloaque immonde où s'agitent les hydres voyeuses et enquêteuses. J'en avais fini avec les *logiciels espions*, les *courriers indésirables*, les *publicités ciblées*, l'*hameçonnage*, et aussi avec les *regards inquisiteurs* que tout usager de Gougueule peut porter sur son prochain ; je me détournai de ce théâtre oppressant où nous sommes livrés à l'indiscrétion d'une foule démoniaque, et jetés en pâture, morceau par morceau de nous-mêmes et de nos plus intimes secrets, à quelques milliards de prédateurs informationnels. Bien sûr, il était trop tard pour effacer mes données personnelles, mes traces numériques ; il était trop tard pour corriger mes périlleux épanchements, mes signatures hâtives et toute la mémoire de mes inepties – mais je renouai dans une certaine mesure avec ma sérénité. J'avais quitté la zone radioactive ; demeuraient en moi les stigmates de la dépossession, de l'opprobre et de l'insécurité (j'avais laissé derrière moi, dans cette archive indélébile de l'opprobre, tant de parcelles de mon identité, tant d'indices de moi-même...).

En dépit de cette libération, le manque s'est créé instantanément, et bien qu'il ne fût pas réellement douloureux, il s'est installé de manière insidieuse et persistante. Je pouvais presque sentir des fourmillements dans le bras et dans la main ; je salivais à l'idée d'ouvrir ma *boîte de réception* ; mes nerfs avaient besoin de l'afflux de surprises et de nouveautés que le Réseau fournit avec abondance. Déjà, il me semblait que j'étais à l'écart du monde, loin du lieu où les choses se passent. Par moments, je craignais de manquer un sujet de discussion fondamental ou une intervention brillante ; je sentais qu'une vie nécessaire et palpitante se déroulait hors de moi, malgré moi, exactement comme si j'avais chuté dans le tréfonds d'une grotte abandonnée.

Cet aspect clinique mis à part, je n'eus généralement aucun mal à supporter les conséquences de ma décision. Tout au contraire, les heures « déconnectées » m'apportaient un réel sentiment d'accalmie et de *réappropriation du temps*. Je mesurais pleinement, à l'aune de cette liberté retrouvée, le pouvoir aliénant et dissipateur de l'internet. Mes journées s'écoulaient dans une nouvelle (ou devrais-je dire : ancienne) temporalité – celle de la nature peut-être, celle de l'âme et de l'esprit humain délivrés de l'engrenage virtuel.

J'ouvrais un livre, et je lisais. Miracle ! je lisais sans m'interrompre, et deux heures passaient, lentement, profondément, *en ma présence*. Pas en dehors de moi, et malgré moi, comme c'est invariablement le cas dans la cinquième dimension du Réseau, où les secondes ne s'égrènent pas, mais sont avalées, compressées, dissoutes.

Chacun a fait l'expérience de cet oubli complet du temps qui s'opère en milieu virtuel. On saisit deux mots dans un moteur de recherche, croyant qu'on feuillette un dictionnaire et qu'une poignée de minutes suffiront à satisfaire notre curiosité ; deux heures plus tard, on est toujours devant l'écran, fasciné par quelque étrange découverte, et l'on n'a toujours pas la réponse à sa question. On n'a pas vu le temps passer, bien sûr que non ; car on n'était pas à l'intérieur du temps, on voguait sur la mer infinie de l'exaucement total.

Remarque. Il y a deux chemins qui mènent à la désintégration du temps : la présence au monde et l'absence au monde. Celui qui s'immerge dans la lecture, la prière ou la contemplation sort de la logique temporelle *par sa présence* : tout son être participe, tout son être s'implique, ici et maintenant, de telle sorte qu'il pénètre au cœur de la félicité immuable ; celui qui *surfe sur le web* en quête de tout et de rien, ballotté au gré de ses caprices et de ses fantaisies, enivré par l'immensité des possibles, sort de lui-même et s'engage, à son insu, dans un supra-monde où il faut se perdre et s'abandonner – et c'est ainsi qu'il échappe à l'horloge, c'est en quittant ce monde, en prenant congé du réel, pour se vautrer dans l'illusion de l'omniscience et de l'omnipotence.

Le jour où me revint le goût de faire une promenade matinale avant toute connexion, avant même de désirer me connecter, je constatai que cela ne m'était pas arrivé depuis fort longtemps. Les jours chômés, faire quoi que ce soit à l'extérieur de mon appartement avant d'avoir *consulté mes mails* n'était plus du tout envisageable. Quand ce n'était pas la pluie qui me donnait prétexte à demeurer chez moi, c'était la grisaille ou le froid ; lorsqu'il faisait un temps superbe, c'était la chaleur, ou la pollution, que sais-je ? Et bien sûr, je ne manquais jamais d'arguments très valables pour justifier ma sédentarité maladive (laquelle n'était en réalité que l'expression de mon inappétence totale à l'égard du *monde sans l'internet*) : j'étais fatigué, étrangement fatigué ; j'étais patraque, indisposé, j'avais besoin de calme et de solitude. Je fus frappé de sentir l'élan nouveau – quoique timide encore – qui m'attirait naturellement, *hors connexion*, vers le soleil et vers la rue.

Néanmoins, l'ordinateur ne cessait de capter mon attention : régulièrement, il me faisait des clins d'œil et tentait de me reconquérir. Il me promettait le délassement et la récréation ; il prétendait satisfaire à l'infini ma curiosité. Je n'aurais eu qu'un geste à faire, il se serait occupé de mon plaisir. Quelques secondes, pas davantage, me séparaient du grand cirque éblouissant... « Allons, viens, connecte-toi, murmurait le processeur ; jette ton livre et viens jouir du spectacle, viens prendre un bain d'hyper-réalité, détends-toi, oublie tout et laisse-toi entraîner dans les courants de l'information perpétuelle... »

En marge. L'idée aujourd'hui presque farfelue d'écrire un courrier *à la main* revient sans doute naturellement à l'esprit de celui qui n'est plus connecté. Il prend deux silex et fabrique un feu spirituel, à défaut de ses divins interrupteurs. Un individu âgé de vingt-cinq ou trente ans n'a sans doute jamais envoyé un seul courrier sur papier de toute sa vie (à l'exception de cartes postales). Il y a probablement là ce qu'on pourrait appeler une perte, un oubli, une régression ; car il est impossible d'éprouver les sensations propres à cette ancienne pratique en écrivant un *e-mail*. Or c'est la sensation, c'est le rapport émotionnel et sensuel à l'écriture et à son support qui font, ou faisaient de cette pratique une expérience singulière, un rituel bien souvent. On ne pouvait pas effacer ses fautes sitôt commises, on ne pouvait pas ajouter de post-scriptum dans la minute suivant l'envoi, on ne pouvait pas non plus décorer son message de « smileys » infantiles. On accordait un soin tout particulier à la mise en page, à la lisibilité et à la cohérence de son texte ; on se défiait de soi-même, on tâchait d'être compris, on apprenait l'art de tout dire et d'assembler ce tout de manière plus ou moins logique – et la disparition symbolique de notre enveloppe à l'intérieur de la boîte jaune, derrière le clapet métallique, en donnant une intensité particulière à ce geste ultime de l'expéditeur, soulignait l'importance de ses efforts préalables.

On peut toujours balayer ce discours nostalgique d'un revers de la main, au prétexte que les messageries électroniques sont mille fois plus rapides que la Poste ; mais il est indéniable – et je n'ai nullement besoin de la nostalgie pour l'affirmer – que cet art de la lettre manuscrite avait des charmes, et peut-être même des *avantages*, que nous avons tout à fait perdus.

De retour dans le monde de la lecture, de l'écriture et de la relation directe, j'avais tout simplement fait un saut dans le temps. Je m'étais déporté dans le monde d'hier – le monde d'il y a vingt ans à peine. Le sentiment de grand *soulagement* que procure ce décalage temporel dit combien les machines nous oppressent. Je m'étais allégé d'un poids énorme, j'avais sorti ma tête hors de son étau ; mais les nouvelles conditions de la vie restaient inchangées. Le choix s'était amenuisé rapidement : vivre sans le Réseau n'était déjà plus possible. Tout le monde était en ligne. Tout se passait en ligne. Déconnecté, l'individu est tout proche d'un état de désobéissance à l'ordre social. Il a joué à la liberté ; mais bientôt il lui faudra rejoindre les rangs : comment va-t-il se tenir informé ? Comment va-t-il payer ses factures ? Comment va-t-il communiquer ? Le déserteur numérique n'est pas vierge de la relation à la machine qu'il a déjà expérimentée, et qui l'a transformé imperceptiblement ; il ne peut plus effacer ses compromissions. S'il a bu le philtre de puissance, c'est qu'il en était assoiffé : son petit jeu de distanciation, à l'allure dérisoirement volontaire, n'est que l'expression mensongère de son remords – il est fatalement d'aujourd'hui.

⋆

Le pouvoir machinique du Réseau nous propose une seule alternative : nous soustraire ou nous soumettre absolument à son emprise. Le Réseau, à ce titre, inaugure une ère nouvelle ; il constitue un pas décisif vers le Système technicien (sa nature même de « toile » fédératrice, dans laquelle se fondent peu à peu les différentes activités humaines, correspond parfaitement à cette évolution systémique). Ou bien nous rompons la communication, ou bien nous la prolongeons à l'infini, et dans des conditions telles que notre dépendance doit s'accroître de jour en jour, à notre corps défendant. Toute la littérature de déconnexion qui fait florès depuis quelques années montre à quel point il est délicat de se passer de l'internet – mais de quelle façon, aussi, la pause radicale permet seule d'expérimenter à nouveau sa liberté et sa disponibilité aux valeurs anciennes de la vie. Bien que le *déconnecté*, lorsqu'il retourne à sa condition numérique, prétende généralement avoir *pris des distances* et appris la modération – ou ce qui peut passer pour tel dans la frénésie ambiante –, il est évident que la machine, *in fine*, l'a repris sous sa coupe et lui a dicté sa loi (tout en lui fournissant la pommade narcissique). Le fait qu'il sache désormais renoncer à quelques abus ne l'immunise en rien contre les abus à venir ; et surtout, il a fait allégeance à la machine, sans laquelle il s'est reconnu faible et impuissant, il s'est incliné devant sa grandeur bienfaitrice – au bout du compte, c'est elle qui a été la plus séduisante. Il faut s'embarquer, ou rester au port ; mais une fois sur les flots, il n'est pas d'une si grande importance qu'on soit devenu un marin assagi, moins fasciné, moins avide de conquêtes et de tourbillons : on appartient corps et âme à la mer.

⋆

Je n'ai pas le moindre doute quant à la possibilité et quant à l'exemplarité d'une déconnexion provisoire. Une journée hors du Réseau peut suffire à nous convaincre que la vie sans Lui, *in abstracto*, ne serait ni difficile ni dommageable. À quoi bon jouer les Thoreau de pacotille pendant six mois, un an, deux ans ? Rompre avec une illusion n'est rien ; c'est rompre avec la réalité qui est quelque chose. Une fois déconnecté, l'homme sait immédiatement ce qu'il peut attendre de sa nouvelle vie, il a déjà répondu à sa propre question, il est tout simplement revenu à lui-même en quelques instants ; et les jours, les mois qui suivront ne feront que lui apporter la confirmation de ce qui s'est révélé à lui. L'homme en opposition avec la réalité qui l'entoure, par contre, s'engage dans un monde inconnu et mouvant ; il construit son destin à chaque pas, ignorant de l'avenir et incertain de ses facultés.

★

L'état amoureux, dit Ortega y Gasset, est « un phénomène de l'attention, un état anormal de l'attention qui se produit chez l'homme ». Le lien profondément libidineux qui nous unit à la machine-réseau, qui est une forme d'amour incontestablement – une attirance obsessionnelle –, se manifeste aussi par un déséquilibre de l'attention ; notre esprit est tendu vers le Réseau et n'entend plus rien, ne voit plus rien en dehors du Réseau. Tout part de lui et tout revient à lui ; il envahit tout, détermine tout, engouffre tout. Il est le Monde. En lui culmine et s'épuise notre désir ; et si nous voulons un jour nous libérer de l'emprise qu'il a sur nous, c'est par un effort de *désamour* que nous pouvons y parvenir. Nous devons nous retrouver dans un état psychique tel que nous ne fassions plus attention à lui, qu'il n'ait pour nous qu'un attrait commun, à la mesure de ce qui peut être vécu entre un homme et une machine – c'est-à-dire une relation neutre et fonctionnelle, d'où sont exclues la dépendance affective, la compulsion et l'ivresse.

Le désamour, en aucun cas, ne peut être le fruit d'une volonté. Pour vaincre la passion qui nous enchaîne à un être (ou une drogue, ou n'importe quel objet d'un désir inexpugnable et mortifère), nous devons nous éloigner (loin du cœur...) ; sinon, il nous retient encore, au moins par les sens et par l'empreinte des euphories communes, malgré tout le mal que nous puissions penser de lui et de la relation corrompue que nous entretenons avec lui. Il faut nettoyer complètement son corps et son âme de cet être et de son influence, sans quoi il reviendra – et nous lui mangerons dans la main. Ce n'est pas un hasard si je me suis livré aujourd'hui à telle ou telle dispersion numérique : je sens bien que mon amour de l'infini numérique *précède les raisons que je trouve de m'y prélasser* ; et je sens bien aussi, hélas, que je ne gagnerai pas mon indépendance tant que la machine sera là, *by my side*, ouverte et disponible, aimable et invitante. L'issue du combat est déjà décidée, et mes chances de victoire sont nulles. Si je voulais réellement ma liberté, si j'étais prêt pour cette liberté, je mettrais fin à ma connexion sans plus attendre. Je construirais une digue infranchissable entre moi (mon appartement) et le Réseau. Mais il est certain que je ne le ferai pas, que je ne pourrai pas le faire, et que rien ne pourra m'y contraindre. Dès lors, il ne me reste qu'à espérer en mon libre arbitre, auquel reviendrait la lourde tâche de faire de moi un *interné* raisonnable et parcimonieux – moi qui tiens le libre arbitre pour une simple chimère...

⋆

M'efforcer d'acquérir une *discipline* serait plus humiliant encore que d'accepter mon état de dépendance. Cela signifierait que je suis *en intelligence avec le Système*, que je fais un pacte avec lui ; or, je ne peux tolérer l'idée qu'il me contraigne à me fixer des règles et à me placer moi-même sous surveillance. Ma défaite n'en serait que plus déshonorante.

⋆

Les technophiles prétendent qu'il n'y a pas de solution de continuité entre la vie numérique et la vie réelle, que les deux sont complémentaires, enrichies l'une par l'autre et joyeusement *interconnectées*. Il est indéniable que la connexion n'est qu'une modalité de notre existence, et que le Réseau parle encore de la réalité, se rapporte à la réalité. Le message électronique devient rendez-vous dans un café, le forum en ligne devient réunion, la vente sur eBay devient échange *mano a mano* sur un trottoir, en bas de chez soi ; l'information devient discussion entre amis, le site de propagande envoie des hommes et des femmes en Syrie, etc. Qu'y a-t-il donc d'*irréel* dans tout cela ? Qu'y a-t-il même d'*immatériel* dans cet entrelacs de signaux informatiques et de processus cognitifs que nous nommons la connexion au Réseau ? *Irréel* et *immatériel* sont des épithètes approximatives dont nous faisons peut-être un usage trop facile ; il n'empêche que l'expérience de la connexion et l'expérience traditionnelle de la vie sont cloisonnées – chacun, sans y réfléchir plus avant, peut le sentir et l'exprimer à sa façon. Le Réseau n'est pas extérieur à la réalité, force est de le reconnaître : il ouvre l'accès à une *autre* réalité, à une réalité seconde, parallèle, une réalité *de substitution*. Et le fait indéniable que la « vie réelle » ne soit pas incompatible avec la vie connectée ne doit pas nous leurrer sur ce point : la vie réelle est sous respirateur artificiel, elle subsiste encore un peu, avant d'être avalée par le Simulateur. Il offrira demain bien davantage qu'un instrument pratique, complémentaire de l'existence charnelle : il *dédoublera le Cosmos*, englobera tout l'univers humain, brillera de toutes les facettes de l'âme universelle. Sa réalité – oui, c'en est une – mangera peu à peu la réalité incarnée du monde, extirpera les hommes de la pesante Relation, videra les corps et les éléments de leur substance.

Démembrements

« Le sabbat et l'orgie se sont installés dans la technique qui les prolonge. »

Jean Brun

Comme on passe sur les défauts de ceux qu'on aime, on détourne notre attention des « inconvénients » de l'internet. Le versant cauchemardesque du Réseau n'a pas provoqué de grandes manifestations indignées. Les abominations qui s'y commettent sans relâche ne nous ôtent ni la confiance ni le sourire. Comment nous émouvrions-nous de ces minuscules « inconvénients » que sont l'extrême dépendance et l'engloutissement de nos facultés psychiques dans le vortex de l'insignifiance ? Comment serions-nous choqués par l'inculture généralisée des volatiles cybernautes ? Ce ne sont là que de petits *problèmes*. Quand le système technique demandera qu'on lui sacrifie dix mille femmes et enfants par jour, je suis certain que les optimistes écriront des articles très sérieux sur ce nouveau *problème*, et qu'ils commenteront le phénomène ainsi : « Certes, le *problème* suscite quelques inquiétudes, mais les informaticiens annoncent l'élaboration d'un nouveau logiciel qui devrait réduire les pertes, dès l'année prochaine, à sept ou huit mille individus. Tous les espoirs sont donc permis. Prenons garde aux discours réactionnaires sur les vicissitudes du Progrès, qui ressurgissent à toutes les époques, etc. » Quant à moi, je ne peux me résoudre à considérer comme un bien absolu, comme une indubitable avancée de l'homme, cet « outil » qui peut faire de lui sa chose.

★

André Vitalis, lors d'une conférence donnée à l'École nationale supérieure des sciences de l'information et des bibliothèques, il y a quelques années, jugeait que l'internet, dans l'état actuel de son développement, ne pouvait recevoir le titre d'*outil convivial* (selon l'expression d'Illich), en raison du contrôle des individus qu'il permet d'organiser. Son emprise sur la raison et sur la volonté, de mon point de vue, le disqualifie également dans sa prétention à la bienfaisance et au salut libertaire.

★

Coupure 1. L'héroïne du film *Toutes nos envies*, Claire, apprend qu'elle est atteinte d'un glioblastome. Le soir même, après que son mari s'est endormi, elle se connecte à l'internet pour en savoir plus à propos de cette maladie. Sa curiosité est vite rassasiée : elle trouve une description détaillée du « cancer du cerveau » et, surtout, force « témoignages » de malades ou de personnes qui les accompagnent dans leur douloureux calvaire (car il n'y a pas de guérison possible dans l'état actuel de la médecine). Plus tard, lors d'une entrevue avec le médecin qui suit l'évolution de sa tumeur, elle invoque ces témoignages pour justifier son refus de la chimiothérapie. Elle dit que « sur internet, y'a une femme, ses enfants la reconnaissaient même plus, tout ça pour claquer trois mois après ». Le médecin bredouille alors sans conviction : « Vous savez, internet, c'est pas toujours... – C'est des gens », lui rétorque aussitôt l'héroïne. Le médecin ne peut déjà plus rien contre ces « fuites » de la communauté virtuelle. Claire a récolté suffisamment d'informations pour se faire son propre avis ; elle considère les sites médicaux de l'internet comme une source fiable, qui n'a nullement besoin d'être vérifiée, et qui vaut largement la science des médecins.

Cette scène m'a rappelé une discussion avec un collègue de travail qui avait dû, selon ses dires, détourner sa femme d'un trop vif intérêt pour l'information médicale du Réseau, alors qu'elle était en proie aux angoisses diverses de la gestation. Je connais moi aussi quelqu'un qui se découvre régulièrement des affections mortelles grâce à *Doctissimo.com.* Que faut-il en penser ? J'avoue que je suis partagé entre l'enthousiasme et la perplexité : d'un côté, cette « libération de la parole » et ce partage d'expérience (donc de connaissance) me semblent participer d'un réel enrichissement collectif et de la déspécialisation des savoirs prônée par Illich ; de l'autre, j'estime que la libre diffusion des avis de tous à propos de tous les sujets mène à ce que les professionnels de la documentation nomment *le bruit*, c'est-à-dire l'excès de réponses à une interrogation, et le risque concomitant d'y trouver un nombre élevé de références inutiles ou inadaptées à la recherche (ce qui, dans le cas d'un sujet médical, peut s'avérer pour le moins anxiogène). Quoi qu'il en soit, nous sommes de toute évidence confrontés à un phénomène dual, et l'engouement qu'il suscite n'est certainement pas plus justifié que la méfiance qu'il inspire.

Coupure 2. Ma mère, au téléphone, me raconte le désarroi dans lequel mon père s'est récemment trouvé, à l'occasion d'une coupure momentanée du Réseau. L'impossibilité d'accéder pendant deux semaines à leur compte bancaire en ligne – alors que, depuis un demi-siècle environ, il tenait ses comptes sur un coin de table, équipé d'un stylo à bille, d'un morceau de papier et de ses tables de calcul –, pendant deux semaines, il a « tourné en rond », anxieux, fébrile et désemparé. Lui qui, jusqu'à l'âge de soixante-cinq ans, n'avait pas même envisagé qu'il fût jamais désireux d'acquérir un ordinateur, s'est soudainement découvert un intérêt grandissant pour la chose informatique, et pour internet en particulier. Son obsession de tout connaître à propos de ses sujets de prédilection, cause d'un étonnant syndrome d'accumulation de coupures de presse (entre autres), a spontanément trouvé dans l'Infomonde une opportunité de s'accroître et de s'étoffer. Les pouvoirs de la Circé mécanique sur toute volonté humaine ne cessent décidément de me surprendre.

★

En parcourant *La Neurasthénie* écrit en 1891 par Levillain, je suis frappé par ce passage :

> « Le surmenage intellectuel ? Les grandes villes ne sont-elles pas des foyers des lumières et des manifestations intellectuelles de tout ordre, scientifique, littéraire, politique, artistique, commercial, etc. ? C'est là que se réunissent et se groupent les esprits d'élite, savants, hommes de lettres, artistes, grands industriels, etc. C'est autour d'eux que s'agite la masse des intelligences qui lutte pour les égaler et les surpasser ; leur présence, leur groupement en sociétés, leurs publications, leurs productions et leurs discours entretiennent dans ces centres une sorte de fermentation intellectuelle qui a parfois raison des cerveaux les mieux équilibrés et qui par suite neurasthénise facilement les cerveaux déjà fatigués des névropathes. Le surmenage intellectuel est donc très fréquent dans les grandes villes, dans tous les pays actifs et très avancés en civilisation : aussi n'est-il pas étonnant qu'il y fasse de nombreuses victimes. »

Qu'aurait-il pu écrire sur le sujet à l'ère du Réseau mondial ? Tout le monde s'extasie devant son aspect foisonnant, mais jusqu'où nos cerveaux peuvent-ils supporter l'abondance et la frénésie des « manifestations intellectuelles » ? N'y a-t-il pas un seuil au-delà duquel tout apport nouveau d'information, toute stimulation mentale supplémentaire agit négativement sur le système nerveux ? Et s'il existe un tel seuil, pourquoi n'avons-nous pas été mis en garde par un quelconque rapport de l'OMS, alors que les connexions illimitées au savoir illimité se répandent sur toute la surface de la terre à une vitesse incroyable, et qu'une forme inédite et pernicieuse de névropathie menace de nous éreinter définitivement ?

On ne peut décidément pas réduire les effets pervers de l'internet à la fragilité spectaculaire de quelques-uns ; on ne peut pas remettre entièrement la faute sur les hommes. Sans doute n'y a-t-il même aucune forme de psychose individuelle qui ne soit en partie la conséquence d'un déséquilibre collectif. Le névropathe occidental de 1891 exprime la démesure de son milieu ; et la turbulence extrême de la vie intellectuelle, nous prévient l'homme de l'art, peut endommager « les cerveaux les mieux équilibrés ». Comment pourraient-ils ne pas être affectés par ce grand carrousel de la Pensée qui tourne et tourne sans cesse, toujours plus vite, dans l'orbite saturée du village planétaire ? L'homme le plus fort peut-il supporter indéfiniment les sollicitations perpétuelles du Réseau ? Peut-il avoir deux millions d'interlocuteurs quotidiens et conserver son intégrité psychique ? Ne la perdrait-il pas à moins ? Il faut deux liens, pas un de plus, pour écarteler un corps ou un esprit. Celui qui veut tout connaître et communiquer avec la terre entière danse sur un volcan ; il provoque en lui-même une déflagration vitale dont il ne sentira peut-être les retombées que trop tardivement. Qu'il soit « prédisposé aux états de dépendance » ou au contraire immunisé contre toutes les drogues (en admettant que cela soit possible), le risque est le même ; car l'internet n'est pas une drogue à proprement parler, mais une sphère magique où le moi est décuplé, libéré de ses entraves spatiales et temporelles : la déesse de la puissance séduit qui elle veut, quand elle veut (et ce ne sont pas toujours les êtres malléables qui attirent sa convoitise).

D'un autre point de vue, la neurasthénie de l'homme « civilisé », qui concerne aujourd'hui plusieurs milliards d'individus, ne pouvait pas perdurer sans quelques narcotiques à grande échelle – et c'est presque naturellement, oserais-je dire, que l'internet s'est déployé dans l'espace électrisé de la vie moderne. Nous étions prêts. Nous étions déjà *en apesanteur*, gonflés à l'universalisme prophétique, ivres de « mondialité ». La mutualisation progressive des ressources matérielles et spirituelles nous avait déjà placés dans un état de grande excitation. L'internet advint comme un premier couronnement orgastique ; il assouvissait le désir fusionnel de l'humanité, offrait un lieu de rencontre au-delà de tous les lieux, au-delà de toutes les frontières – l'Eden 2.0. Ses vertus fantasmagoriques soulageaient notre tension et nous euphorisaient. Dans le même temps, il nous apportait des possibilités nouvelles de partager nos savoirs ; il démultipliait les interactions de toutes sortes et devenait la cause d'un nouveau « dérèglement de tous les sens ». J'imagine difficilement que cette situation puisse se résoudre autrement que par une surenchère de techno-mythologie.

*

L'internet est le domaine ou la *nouveauté* règne sans partage ; l'ancien et le coutumier n'y peuvent subsister, car ils n'y ont aucun sens. Le voyageur temporel qui s'élance parmi la nuée indistincte, saisi par l'ivresse dionysiaque, aspire à la jouissance de la destruction du passé dans l'épiphanie perpétuelle du présent. *Vous avez un nouveau message*, lui chante à toute heure l'esprit philonéiste du Réseau. Il attend, fiévreux, les nouveaux *posts*, les nouveaux commentaires, les nouvelles informations, les nouvelles images, les nouvelles versions, les nouveaux amis ; et jamais il n'est rassasié de ce nectar rajeunissant, jamais il ne se lasse de ses découvertes. Tous les matins sont des matins de Noël ; et dans le Cyberland, il cherche avec fébrilité ses papillotes et ses cadeaux merveilleux. Tout est surprise, attente et révélation. Les « pages » du livre numérique ne dorment pas dans les mémoires, elles bougent, elles mutent, elles se déchirent elles-mêmes ; et toujours, il faut les *rafraîchir* pour en récolter le suc impermanent. Elles ne jaunissent pas, elles se métamorphosent. Pour jaunir, il eût fallu qu'elles existassent et qu'elles perdurassent ; mais elles ne sont apparues que pour disparaître aussitôt, chassées par le fleuve inexorable du remaniement frénétique.

★

Dans sa conférence intitulée *Race et culture*, donnée à l'Unesco en 1971, Claude Lévi-Strauss dit en substance qu'une certaine insensibilité, une certaine fermeture aux valeurs de l'Autre sont indispensables à la préservation de la diversité culturelle, la grande ouverture prônée depuis l'après-guerre ne pouvant aboutir, selon lui, qu'à la dissolution des identités dans un mélange uniforme (il pensait bien sûr, notamment, aux sinistres destins des peuples autochtones soumis à l'influence trop impatiente de la « civilisation moderne »).

> « [...] Toute création véritable implique une certaine surdité à l'appel d'autres valeurs, pouvant aller jusqu'à leur refus, sinon même leur négation. Car on ne peut, à la fois, se fondre dans la jouissance de l'autre, s'identifier à lui, et se maintenir différent. *Pleinement réussie, la communication avec l'autre condamne, à plus ou moins brève échéance, l'originalité de sa et de ma création.* »

Il faut relire ces lignes, prudemment, à l'aune de la modernité connectée ; nous sommes, grâce au Réseau, bien au-delà de ce que Lévi-Strauss pouvait imaginer il y a quarante ans. Notre uniformisation est déjà très avancée. La technique a détruit les conditions nécessaires de la vie et de la culture *locales* : lenteur et limitation des échanges avec l'extérieur, distance avec le dissemblable. Il n'est plus possible de pratiquer la *surdité volontaire* aux échos de l'Étranger – surdité qui ramène l'individu, le pays ou la civilisation à son épicentre et à son cours naturel. L'internet arrive à point nommé pour accroître et parfaire ce processus d'ouverture générale, il remplit les oreilles, à ras bord, de toutes les altérités possibles, installe des *capteurs* partout sur la surface du globe, de façon que nous ne puissions plus jamais éprouver la saine incuriosité de ce qui n'est pas soi et de ce qui ne peut être connu qu'au détriment de sa propre identité.

⋆

Ce que la mondialisation réalise sur les plans économique et géopolitique, l'internet le réalise sur le plan individuel. Ce qu'elle détruit dans l'ordre des identités locales, il le saccage dans l'ordre psychique. La souveraineté des peuples se dissout dans la Gouvernance mondiale ; l'intégrité des âmes se disloque dans la Communauté virtuelle. Les vieilles structures sociales et symboliques des nations s'effondrent sous la pression du marché global ; la cohésion intérieure des individus se désagrège dans l'altérité pléthorique.

★

La presse nous procure mille exemples des ravages produits par le Réseau – autant de *mauvaises nouvelles* qui ne provoquent pas de scandale et n'arrêtent pas notre course. À quel sommet d'horreur, à quelle intensité de convulsion déciderons-nous qu'il est temps de freiner la machine et d'arracher le monde à la barbarie terminale ?

Les avaries psychologiques, je l'ai dit, ne pèsent pas lourd dans la balance : nous acceptons le sacrifice de notre équilibre mental. La conscience et la liberté valent bien les petits plaisirs du commerce en ligne. Nos enfants sont fascinés par le Réseau au point d'y perdre leurs dernières capacités d'attention et de mémorisation ? Ils sont frappés d'une véritable « épidémie de démence numérique », selon une formulation de médecins coréens ? Des millions d'adolescents de tous les pays connectés – l'Asie est particulièrement touchée – sont cliniquement malades de l'internet, ravagés physiquement, nerveusement et mentalement ? Leur sommeil est gravement perturbé ? Leurs capacités d'apprentissage ruinées par une invitation permanente au plagiat et à la paresse intellectuelle ? On prend la mesure des difficultés, on envisage des *actions préventives*, mais la seule conclusion qui devrait s'imposer, savoir que l'internet est un obstacle objectif au développement des individus qui doit être immédiatement abattu – *pour des motifs d'éducation et de santé publique* – ne sort d'aucune bouche de mandarin. Même l'usage systématique des écrans dans les blocs opératoires par les chirurgiens, anesthésistes et infirmières *au cours des opérations ou de diverses manipulations médicales* ne semble pas affoler le Conseil national de l'Ordre des médecins.

On apprend d'autre part que l'espace de notre vie privée est constamment violé et pillé par l'œil indiscret des opérateurs du Réseau. Nos connexions, nos messages, nos achats, toutes nos relations, toutes nos explorations en ligne sont conservées dans la super-mémoire de quelque *data center* et mises à la disposition du marché, de l'administration ou de la police. Qui s'en soucie réellement ? Quelle autorité s'empare vigoureusement de cette question monstrueuse ? L'œil peut continuer à se faufiler partout, à tout épier, à tout voir et à tout rapporter ; nos faits et gestes peuvent être diffusés sur la Toile malgré nous, à des fins d'accusation, de mise au pilori ou de diffamation pure, détruisant les conditions de notre sécurité matérielle et psychologique, il n'y a pas lieu de s'en formaliser. On rédigera des chartes de bonne conduite, et les choses finiront par s'arranger. Il importe avant tout de ne pas céder à une *vision pessimiste* des nouvelles technologies.

On ne fait pas le grand réseau planétaire, libre, anonyme et « dérégulé » sans exposer les hommes à l'usage criminel que d'autres hommes ne peuvent manquer d'en faire. Caïn a tué Abel, faut-il condamner les massues ? Des internautes escroquent, volent, rackettent, trompent, manipulent et menacent d'autres internautes : on ne change pas les hommes. Les pirates, les bandits, les harceleurs, les maîtres chanteurs, les usurpateurs, les pédophiles et les proxénètes trouvent dans le Réseau un territoire idéal pour un large développement de leurs activités ; ni les enfants, ni les vieillards, ni les banquiers ne sont plus en sécurité nulle part – car le Réseau, c'est partout, c'est chez vous ; ça s'infiltre, ça pénètre, c'est là, omniprésent et indétectable. Le Réseau est un piège énorme où chaque jour tombent des milliers de victimes impuissantes, que quelques clics ont ruinées, terrorisées, humiliées ou effacées. Des adolescents y sont persécutés et parfois acculés au suicide par leurs « amis virtuels ». D'autres sont entraînés vers des actes de transgression fatals par d'imbéciles *challenges*. Ils se jettent à l'eau et se noient. Ils s'enivrent à mort. Ils s'immolent. Ils montent sur un train et se fracassent les os. Ces bravades ineptes, dont la seule motivation est d'être vu et admiré sur les « réseaux sociaux », ont causé la mort de plusieurs dizaines de jeunes gens à travers le monde. Ainsi va la vie, *the show must go on*. Cela n'a rien à voir avec le Réseau, nous dit-on. La bêtise et l'imprévoyance sont dans l'homme.

Que l'amour lui-même soit menacé par la pratique du Réseau ; que les cas de mésentente conjugale et de divorce se multiplient sous l'effet de la connexion – refuge solitaire qui *fait écran* au dialogue indispensable ; que la pratique addictive des jeux et de la pornographie soit une source inévitable de conflits et de malentendus (sans même évoquer les diverses provocations à l'infidélité des sites de rencontre), cela n'est pas un argument contre la machine – il n'y a jamais d'argument définitif contre la machine, jamais de preuve assez frappante de sa nocivité intrinsèque.

Les relations humaines s'effritent, la communication de cœur à cœur et d'esprit à esprit semble devenue presque impossible et intolérable, l'attention à l'autre décroît de manière effrayante. Un seul désamour, un seul repli de l'âme dans sa solitude, une seule marque d'indifférence pourrait parler en défaveur des écrans fascinants ; même si le Réseau n'était pas un haut lieu de la criminalité polymorphe, s'il ne tuait pas, s'il n'asservissait pas des millions d'individus partout sur la planète, s'il ne démolissait pas les fondements et les principes de notre paix et de notre sécurité, s'il ne menait pas rapidement à une régression générale sur les plans de la connaissance et de l'apprentissage, sa seule aptitude à clore les yeux d'un être sur la vie et sur les autres êtres, son seul effet délétère sur le moindre souffle de sympathie entre deux hommes pourraient nous le rendre définitivement haïssable.

Mais il ne sera pas utile de perpétuer longuement cette compilation du désastre : on aura compris, sauf aveuglement volontaire, que le Réseau nous fait payer cher la puissance illusoire dont il nous gratifie. En tant qu'*accélérateur* et *démultiplicateur* de communications et d'échanges (ce qu'il est essentiellement), il est accompagné d'un long cortège d'effets plus ou moins aliénants et plus ou moins destructeurs. Il est généralement trop tard pour s'en prémunir quand on les observe sur soi-même : les stratégies que l'on prétend alors mettre en place, les garde-fous que l'on croit pouvoir édifier contre la Vague indomptable, ne remédieront pas plus à notre avilissement qu'un mur de rondins ne protège d'un missile balistique. Nous commettrons à nouveau la dramatique erreur de vouloir donner une inclination morale ou spirituelle à la Chose *qui se déploie hors de toute sagesse et ne veut que son accroissement.*

⋆

Rarement la résurgence dionysiaque ne s'est manifestée *techniquement* avec plus de force que dans l'internet. Dionysos est le maître absolu de l'internet ; il s'y déploie sans pudeur et sans duplicité – au risque d'être découvert, parfois ; mais ce jeu l'amuse et l'émoustille. Au cœur de ce froid système inventé dans d'austères laboratoires, le dieu libérateur danse et s'enflamme. Il « promet la dilatation du moi jusqu'aux frontières du monde et prétend briser l'étroite prison corporelle dont chaque homme est prisonnier, en lui faisant goûter l'extase d'une vie infinie »[1]. Il propose une envolée subite et radicale dans un vaste ciel illimité ; il invite à s'oublier dans la brûlante sensation d'être un Corps universel. Les structures de la personnalité sont ébranlées ; la conscience éclate et se répand dans l'azur insondable du possible. Sans contours et sans début ni fin, le Réseau s'impose comme le champ d'action privilégié du divin satyre, comme sa principale, son ultime demeure parmi les mortels.

★

Masqué par son écran – sa cape d'invisibilité –, le citoyen le plus inoffensif cède à d'étonnantes pulsions. De son canapé, impassible, il publie des anathèmes effrayants, des sottises méprisables et des menaces de mort ; il se livre à tous les outrages. Des mots perçants comme des griffes sortent de lui comme ces pensées taboues dont un simple rudiment de civilisation le protège dans la vie publique. Un quidam sans aspérités se transforme en bête sauvage, assouvissant librement, au sein de la jungle virtuelle, ses instincts les plus primitifs et les plus inhibés. Le sang coule dans les microprocesseurs. Les profondeurs archaïques remontent à

1. Jean Brun, *Le Retour de Dionysos*, Les Bergers et les Mages, 1967.

la surface plane et lustrée de la cybercivilisation. Un grand mur de la haine, exutoire parfait, libère l'humanité de ses ombres et de ses écumes – malheur à celui qui pénètre inconsidérément dans ces bacchanales robotiques.

★

De profundis. Peut-être ne faut-il voir, dans ces nouveaux mystères que l'on dénomme « web profond », « invisible », « obscur » ou « caché », que l'expression la plus achevée du Réseau, de sa nature, de sa finalité même. Le « web surfacique » – notre hypermonde, notre au-delà quotidien – serait inclus dans un au-delà plus vaste, et plus inconnu, et plus périlleux encore, où l'anonymat et le crime seraient plus parfaits ; mais qui peut affirmer que l'outre-abîme n'est pas la surface d'un abîme inférieur, dans lequel se déploieraient des énergies toujours plus secrètes et potentiellement dévastatrices ? Qui peut dire jusqu'où plonge cet infini, et jusqu'où les doubles éthériques pourront croître et s'immiscer ? Le Réseau n'est-il pas une sorte de canal vers les plans reculés et numineux de la psyché humaine ?

★

À mesure qu'elle se perfectionne, la technique devient moins rationnelle : des dieux errants la convoitent et la traversent ; des forces invisibles, dangereuses s'emparent d'elle et, dans quelque accès de fureur ou d'épilepsie formidable, se servent d'elle comme d'un jouet d'Apocalypse.

Logomachie numérique

« L'absence d'esprit : signature de l'époque. »

Roland Reuss

Toute œuvre technique est enfermée dans l'« esprit » de sa conception ; elle ne s'éloigne jamais de cet esprit – et quand elle s'en éloigne, c'est pour y revenir bientôt. Pourquoi la télévision, par exemple, n'est-elle pas devenue un moyen de culture et de cohésion sociale ? Pourquoi s'est-elle toujours confinée dans un rôle de propagande et de distraction futile ? Parce que la culture ou la politique ne sont pas des éléments constitutifs de sa fonction première ; parce que la culture ou la politique n'ont été en rien déterminantes dans son élaboration. La télévision, le téléphone, le moteur à explosion ou l'informatique, parmi tant d'autres exemples, sont apparus dans un monde où l'innovation pour elle-même, et l'indifférence quant à ses effets (c'est-à-dire *l'obscurantisme du progrès*) étaient des phénomènes déjà courants ; c'est-à-dire que la déspiritualisation de la culture était déjà considérablement avancée, pour ne pas dire irréversible. Toute civilisation se définit par ses choix, et notamment par ses refus ; l'empire technicien ne refuse jamais – il avance, il roule, il *augmente*. Il *booste* ses torpilles, il perfectionne ses bolides. Et nous tâchons de freiner ensuite ces complexes engins, après qu'ils ont atteint des proportions monstrueuses, afin de les « éduquer », de leur apprendre nos manières cultivées, de les asservir à des finalités supérieures (dont ils se moquent éperdument ; car ils appartiennent à la race des géants imbéciles). Nous imaginons des téléviseurs pédagogiques, des téléphones charitables, des ordinateurs tutélaires ; mais tous ces appareils, du plus profond de leur essence matérielle, n'aspirent qu'à la rapidité et à l'efficacité optimales. Nous aimerions qu'ils participassent à notre élévation ; bien, mais ne voyons-nous pas qu'ils sont les fruits d'un esprit barbare, et qu'il est précisément impossible que ce même esprit fît un usage noble et raffiné des outils qu'il a engendrés ?

★

La technologie – le *discours* sur la technique – est sans doute un levier indispensable à l'essor des créations nouvelles. Naturellement, l'homme se méfie de la nouveauté ; et il n'est pas rare, il est même assez fréquent, de voir une belle invention de la science accueillie par une levée de boucliers. Il est tout aussi fréquent de constater que la préférence des individus va à la préservation des coutumes anciennes, et non pas, du moins dans les premiers temps, au bouleversement des cadres de vie connus. C'est qu'ils prennent la mesure, au moment même où le changement se produit, de ce qui sera définitivement *perdu* ; ils peuvent encore témoigner d'une expérience qui prouve la valeur et la beauté de leur monde – leur monde d'avant. Il arrive que la transformation du cosmos soit si profonde que la « résistance au changement » – pour parler comme les manitous des « ressources humaines » – s'avère plus forte que la simple *réaction* des hommes du passé. La nécessité s'impose alors, pour le gouvernement du progrès, d'influencer le psychisme des réfractaires, tout d'abord à l'aide d'une propagande adaptée. Parmi les éléments de langage qui constituent cette propagande, le plus efficace à long terme, indubitablement, est celui qui fait entrer peu à peu dans les esprits la conviction que la technique apporte toujours des avantages et des inconvénients, qu'elle a « du bon et du mauvais », et qu'il ne tient qu'à nous, êtres raisonnables, de séparer le bon grain de l'ivraie. Bien entendu, le discours technicien, sous des apparences objectives, montre une tendance évidente à surestimer les avantages et à sous-estimer – voire ignorer – les inconvénients. Ce *biais* ne manque pas d'entraîner une autre conséquence importante : le sceptique ne peut s'empêcher de se sentir *coupable* et, ce qui est bien plus insidieux, de remettre en question sa propre faculté de jugement – puisqu'il est conditionné pour penser que la technique se caractérise par une *ambivalence à dominante progressive*. D'autre part, il est toujours minoritaire et doit supporter les diktats du grand nombre : jusqu'où un homme peut-il penser *contre tous* ? Un jour vient où il n'a plus la force d'assumer sa liberté de penser ; son isolement lui fait craindre la folie ou l'ostracisation. Il décide alors *d'aimer le Progrès*. C'est ainsi que le téléphone portable, le livre électronique ou l'internet sont aujourd'hui des « outils » plébiscités par la terre entière, et qu'il n'est déjà plus possible de les refuser. C'est ainsi que je me trouve moi-même, bien souvent, lorsque je m'interroge sur le rôle de la technique dans notre vie, imperceptiblement amené à me surveiller et à me corriger ; de telle sorte que j'évite soigneusement toute incrimination radicale, et que je m'efforce toujours de *donner sa chance* à l'objet nouveau. Cette pétition de principe n'est pourtant pas nécessaire à l'exercice de ma réflexion : il n'y a aucune raison de présupposer la bienfaisance – même ambiguë – d'un appareillage technique. Il se pourrait fort bien qu'une invention se révélât totalement nuisible et superfétatoire. Rien n'interdit d'en formuler l'hypothèse. Cependant, à ce point de ma méditation, le sentiment qui me domine est un scrupule. Je sais ce que mon lecteur pense de moi ; il pense que je ne vois que les aspects négatifs de l'internet, et que je me complais dans la jérémiade, plutôt que de tirer parti des *formidables potentialités du web 3.0.* Mon lecteur n'a pas tort, du point de vue de la Vérité ministérielle ; mais il écorne un principe de bon sens : pourquoi faudrait-il absolument que l'internet présentât des *avantages* ? D'où vient la prémisse logique énonçant que « l'internet (le progrès technique) ne peut pas être totalement mauvais » ? Et pourquoi pas ? Pourquoi ne pourrait-il pas l'être (si l'on entend par « mauvais » qu'il est néfaste pour la *civilisation* et pour l'esprit) ? J'aimerais que l'on se posât cette question sérieusement et préalablement. Quant à moi, je tiens donc à me poser celle-ci, par probité intellectuelle : quels sont les apports de l'internet ? En quoi contribue-t-il à l'amélioration de la vie humaine ? Pouvons-nous le conserver tel quel, sans crainte ni méfiance ? À vrai dire, *je ne le sais pas*. Je ne suis pas certain du tout de le savoir, bien que mon expérience personnelle et ma sensibilité me portent incidemment à penser que l'internet est le rouage détestable d'un système détestable. Partant, il n'est pas aisé de le prouver. D'un certain côté, en effet, il est indéniable que l'internet est un moyen de communication éminemment pratique et rapide, une base de connaissances extraordinairement riche et facile d'accès, une plateforme d'échanges admirablement efficace et un système d'appariement formidablement élastique. Je n'en disconviens pas ; mais j'observe que ces bienfaits ne sont guère exploités à des fins supérieures, qu'ils sont souvent exploités sans mesure ni distinction (du fait même de la puissance qu'ils confèrent) ; j'observe que ces « avantages » ne servent que fort rarement à l'élévation spirituelle de l'humanité et qu'ils entravent plus qu'ils ne libèrent ; j'observe enfin que l'usage de ces fonctionnalités prometteuses, d'un bout à l'autre du globe, ne va presque jamais sans un large éventail de misères psychologiques, de dérives criminelles et d'aliénations collectives. Il me paraît douteux qu'un objet technique, aussi révolutionnaire soit-il, nous demande autant de renoncements et de sacrifices. En outre, j'ai peu d'espoir que le système, en se perfectionnant, produise à l'avenir toujours moins d'effets perturbateurs, et toujours plus de progrès – la perfection machinique étant indissociable de la nuisance polymorphe.

*

Selon un postulat étrange des serviteurs de la Technique, la généralisation d'un usage prouve sa nécessité et sa valeur intrinsèque. En outre, il interdit toute critique et, bien entendu, toute velléité de retour ou de moratoire. La machine est là, comme une évidence, et tout ce qui l'a précédée doit être considéré comme un stade antérieur de l'évolution humaine, moins légitime, moins désirable. Aussi, tout individu qui porterait un regard suspicieux ou trop peu enthousiaste sur la nouveauté machinique est-il aussitôt rangé dans la catégorie des *réactionnaires*. Il a, dit-on, *peur du changement*. Il est nostalgique d'un monde révolu dont il pleure misérablement la perte. Il nie donc la vie – car « vivre, c'est perdre ». Vivre, c'est avancer avec son temps, ne pas demeurer dans l'adoration sclérosée du passé, etc. Nous connaissons tous ce laïus, pour en avoir fait les frais, une fois ou deux, au cours notre existence. Il faut dire que la nostalgie – ou la peur, ou le repli, c'est tout un – peut frapper tout le monde, et pas seulement les imbéciles. Chateaubriand regardait le chemin de fer d'un œil mauvais ; Baudelaire accusait la photographie de corrompre l'art ; de Gaulle ne souhaitait pas être dérangé par le téléphone ; et l'on trouverait des centaines d'exemples similaires dans l'histoire contemporaine. De nos jours, il est courant qu'on associe l'opposant à l'hypertrophie numérique – je ne dis pas l'opposant au numérique : primo, aux ennemis de l'imprimerie du XVe siècle ; secundo, aux ennemis du livre de poche des années soixante. Ces personnes incarnant à la perfection l'attitude vainement réactive, et vouée à un échec lamentable face à l'avenir, il est aisé de ridiculiser la critique d'un « réactionnaire » en stipulant son affinité avec ces sinistres négateurs. Les succès du livre imprimé et du « poche » sont autant de puissantes réfutations de leurs objecteurs. Là encore, il importe peu que lesdits objecteurs, pour certains, fussent des esprits supérieurement doués ou érudits, que, pour ce qui concerne le livre de poche, ils se nommassent Sartre, Camus ou Julien Gracq : on se contentera d'affirmer, magnanime, que les grands esprits, eux aussi, peuvent s'égarer.

Il n'en demeure pas moins que l'imprimerie et le livre de poche ne sont pas des réalités inatteignables par la critique ; et, j'ose le dire, qu'ils ne le sont toujours pas aujourd'hui, en dépit de leur succès. Le droit à la critique n'est pas fixé par la reconnaissance des masses ni par les caprices de l'Histoire. La méfiance à l'égard de l'imprimerie, remise dans son contexte, mérite d'être entendue – ne serait-ce qu'à titre de délassement ou de curiosité intellectuelle ; les préventions contre le livre de poche ne me semblent pas si aberrantes qu'on doive tordre le cou de quiconque oserait encore les exprimer. La position *conservatrice*, absurde le plus souvent, mérite parfois qu'on s'arrête à ses arguments, et, peut-être, qu'on finisse par s'y rendre. Est-ce si impensable, si intolérable ?

À ma connaissance, il n'y a jamais eu d'opposition au ventilateur – pour prendre un exemple qu'une journée caniculaire a imposé à mon esprit. Pourquoi donc ? Que faisaient les « éternels ennemis du progrès » le jour où cet objet fut commercialisé (j'exclus ici les amish, les ex-hippies et les adeptes du survivalisme, bien entendu) ? Où étaient-ils ? Se peut-il qu'il n'y en eût point pour déplorer cette infamante mécanisation de l'air, ce confort superflu et coûteux en énergie ? A-t-on vu se créer un mouvement international contre l'ampoule électrique ? A-t-on lu des pamphlets contre la radio ? Contre la cafetière ? Contre les moulins ? Contre la roue ? Chaque siècle, depuis le Moyen Âge, a-t-il eu son « encyclopédie des nuisances » ? La plupart des discours contre telle ou telle mutation n'ont-ils jamais été que des appels légitimes à la prudence et à la circonspection face à des potentialités d'aliénation et de dégradation morale ? Faudrait-il croire que les *vieux ronchons* ne sont pas de toute époque et de tout lieu, qu'ils ne combattent pas aveuglément sur tous les fronts, mais qu'ils réagissent de manière parfois légitime à certaines nuisances spécifiques du « progrès » ?

D'un autre côté, certaines de nos plus emblématiques réalisations – les centrales nucléaires, l'industrie alimentaire, l'arsenal médical, la télévision, la voiture ou le téléphone portable – essuient des critiques de plus en plus radicales, dont certaines pourraient fort bien déboucher un jour sur un *renoncement* à ces formes techniques – je pense bien sûr, en particulier, à l'énergie nucléaire et à certains moyens médicaux (mais il n'est pas moins évident que l'abandon de l'agriculture intensive, de la télévision, de la voiture et du téléphone portable mènerait sans doute à une amélioration immédiate de nos conditions de vie). Il faut donc en conclure que l'hostilité à certaines manifestations de la Technique a tout lieu d'entrer dans le champ de nos débats – à plus forte raison quand elle soulève un grand nombre d'individus raisonnables.

★

Nous commettons souvent l'erreur de croire qu'un seul progrès objectif sauve une innovation technique tout entière de la contemption. Une personne de ma connaissance me déclara un jour ne pouvoir se passer de *Wikipédia*, dont elle faisait un éloge soutenu, et qui semblait à ses yeux légitimer l'existence même du Réseau. Un autre jugerait peut-être fort délicat de vivre sans *Yahoo Mail*, un autre encore attribuerait une importance fondamentale aux sites d'*Air France* ou de la *SNCF*. Celle-ci ne serait plus rien sans *AlloCiné* ; celui-là ne respire encore que grâce à *Marmiton*. En ce qui me concerne, je pourrais considérer que le *Trésor informatisé de la langue française*, formidable produit du CNRS, justifie à soi seul *tout le reste*, tout le champ d'ordures qui recouvre la « Toile ». Je trouve en effet qu'il est *merveilleux* de disposer ainsi, *à la demande*, et sous une forme extrêmement ingénieuse et pratique, des seize volumes de ce beau dictionnaire. Je suis conquis. L'internet est divin. Je soulève des globes sidéraux. L'internet est *puissant*. Comment pourrais-je le nier ? Mais la puissance, la désirons-nous pour elle-même, ou pour la liberté et la grandeur qu'elle peut *parfois* nous procurer – parfois, oui, lorsqu'elle est volontairement mise au service de l'esprit ? Si un souffle de liberté et de grandeur nous parvient dans un ouragan de servitude et de médiocrité, devons-nous chanter des alléluias ? Si nous acceptons les ravages de l'ouragan pour le bienfait du souffle, ne devons-nous pas nous attendre à vivre au sein de ruines affreuses où la lueur positive, toujours, s'estompera dans les ténèbres polluées de la Nuisance ?

Scolie. On a fait un sort à nos dictionnaires et nos encyclopédies de papier – incarnations, à nos yeux, de tout ce que l'imprimerie a produit de lourd, encombrant et hiératique. On les a *dématérialisés* avec hardiesse et condescendance. En l'espèce, on avait enfin trouvé l'argument d'autorité du remplacement numérique : l'éradication finale du papier est une chance, parce que les dictionnaires. Qui oserait nier que la version électronique du *Trésor de la langue française* ou du *Bon Usage* présente, par rapport à leur jumeau matériel, quelques avantages – notamment leur nature incorporelle et leur accessibilité ? Une chose, cependant, devrait modérer notre enthousiasme : les hommes qui ont élaboré patiemment ces volumineux répertoires n'étaient pas de la même fibre que les adeptes forcenés du *tout-électronique* ; ils appartenaient au monde des livres et de la littérature, et il est fort douteux que les hommes d'aujourd'hui consacreraient leur vie à produire le même type d'usuel. Ce genre d'entreprise n'aurait d'ailleurs aucun sens ; elle serait parfaitement incompatible avec les nouvelles conditions du savoir et de l'apprentissage – avec l'utilitarisme ambiant, en premier lieu, qui mène au reniement désastreux de la langue. Autrement dit, la suppression des imprimés, par-delà les services que le « numérique » semble rendre aux usagers des vieux dictionnaires, signifie aussi l'enterrement de la culture livresque. Littré, Gaffiot ou Grevisse n'auront pas leur équivalent dans l'ère informatique.

★

Tout ce que le Réseau pourrait nous offrir de réellement positif et libérateur, sa puissance illimitée le transforme en nuisance à long terme. Par exemple, les messageries pourraient *essentiellement* faciliter nos diverses transactions administratives ou commerciales ; aujourd'hui, des millions de messages inutiles, compulsifs ou racoleurs sillonnent chaque jour les canaux électroniques, abrutissant ceux qui les écrivent aussi bien que ceux qui doivent les lire et en assurer la « gestion ». La numérisation des textes pourrait s'effectuer dans l'idée de créer une bibliothèque virtuelle internationale, organisée et filtrée intellectuellement par un grand comité de spécialistes ; actuellement, l'internet est un vaste dépotoir sans ordre ni maîtrise, où les savoirs non hiérarchisés sombrent dans l'indifférenciation la plus totale, entraînant le lecteur et le chercheur dans une errance monomaniaque. La participation de tous au Réseau commun pourrait donner lieu à la mise en place d'un système d'appariement illichien qui rapprocherait les hommes les uns des autres, en fonction de leurs affinités ou de leurs besoins d'échanges réciproques. On pourrait croire que c'est le cas, mais l'usage *réel* de l'internet, au lieu d'engendrer la rencontre et le partage, se caractérise généralement par l'inflation des « commentaires » et des manifestations de soi narcissiques, où l'échange par écran interposé fait souvent office de seule communication et de seule approche de l'altérité (quand il ne mène pas à la violence verbale symptomatique du « pseudonymat »).

★

Nous pouvons attendre longtemps que le développement des échanges sur l'internet – et particulièrement des échanges intellectuels – engendre une « société sans école ». Nous pouvons attendre qu'une locomotive déclare des armistices. L'objet technique ne perfectionne pas l'humanité du seul fait qu'il existe et qu'il *peut.* Sans la volonté de l'homme, il n'est rien ; ou plutôt : sans la volonté de l'homme, il devient généralement néfaste ou superflu. Malgré son extrême ingéniosité, l'internet n'a pas fait bouger le trône du savoir universitaire d'un centimètre. On échange des canapés d'un bout à l'autre du monde, mais peu de connaissances entre voisins ; et surtout, l'emprise de l'État et des organismes privés sur la formation individuelle n'a jamais été aussi forte. Il n'a jamais été aussi peu admis qu'un apprentissage sérieux pût s'effectuer en dehors des réseaux scolaires officiels. Peut-être une jeune personne dispose-t-elle, grâce à l'internet, d'un moyen unique d'entrer en relation avec tous les pédagogues de son pays : en quoi sa condition s'en trouve-t-elle améliorée, si cette chaîne humaine n'est coordonnée par aucune intelligence, et si l'on persiste à surestimer la valeur du diplôme ? Nous croyons que la machine crée de la morale et *transfigure* automatiquement l'humanité. Perclus de candeur et de « honte prométhéenne », nous vivons de l'espoir insensé que l'augmentation de la puissance technique aura nécessairement, demain, des conséquences favorables sur notre environnement social, culturel et politique – alors que, déjà, nous achoppons là où la culture et la société doivent être restaurées de toute urgence, afin d'endiguer le Moloch algébrique.

⋆

De « réseau social », il n'y a pas plus que d'« espace de convivialité » ou de « communautés virtuelles » : ce sont des mots vides, des emballages de plastique intellectuel qui n'ont pas d'autre fonction que de dissimuler la forme et l'odeur de la réalité. Le terme « réseau » n'est pas plus adéquat que son épithète « social » ; semblablement à l'idiolecte pernicieux de la modernité, il ravale une façade pourrie et toute proche de tomber en poussière. Il n'y a pas de « réseau social », parce qu'il n'y a pas de centre autour duquel graviter et se rassembler en une constellation relativement homogène ; il n'y a pas de culture commune à partir de laquelle tisser une œuvre de réflexion ou de combat. Du reste, l'ironie lexicale veut que le mot « réseau » désigne également, dans un sens figuré ou métaphorique, un ensemble de contraintes et d'entraves à la liberté – ce qui, de toute évidence, convient parfaitement à la « Toile », en tout cas bien mieux que toutes les définitions iréniques de la terminologie progressiste.

*

Aujourd'hui, tous les mouvements, tous les partis, toutes les frondes veulent en priorité la même chose – comme s'il s'agissait de la chose la plus urgente que l'on pût vouloir : ils veulent être *présents sur les réseaux sociaux.* Ils veulent être *visibles sur l'internet* – et c'est un des grands paradoxes du jour que l'on craigne de demeurer invisible aussi longtemps que l'on sera cantonné *in real life.* Pour *exister* désormais, il faut se volatiliser. Il faut se *dématérialiser.* La Toile est devenue notre vrai monde ; elle est l'endroit sans géographie où se déroule notre histoire, le lieu sans frontières où *les choses se passent* – plus exactement : où les choses ne se passent pas, ne se passent plus ; car il ne peut rien se passer dans un monde illimité. Il ne se passe rien de déterminant sur « Facebook », jamais. Rien d'historique. Rien de mémorable. Ce n'est pas un hasard si les « révolutions Facebook », comme on a surnommé les « révolutions arabes », non seulement ne doivent presque rien à Facebook, mais encore – ce qui est plus gênant – n'ont jamais eu lieu. « Il n'y a pas eu de Révolution arabe », annonce clairement le poète Adonis. « Jusque-là nous avons assisté à un simple renversement des dirigeants, sans que soit bouleversées les structures du pouvoir. Les noms des gouvernants ont changé, voilà tout. » Une aspiration à la liberté, sans doute, s'est révélée ; une « transition démocratique » s'est amorcée en Tunisie ; mais point de séisme radical. Il eût suffi de savoir que cette « révolution » avait baigné dans l'eau de lessive numérique pour douter de son authenticité. L'internet est au-delà et en deçà de l'Histoire, il est un monde exsangue, intemporel et irénique – un monde sans opposition, ni lutte, ni conquête. S'y précipiter, quand on a la moindre prétention politique, relève au bout du compte de la charlatanerie. C'est signer son arrêt de mort en tant que force évolutive et se figer dans l'effervescence immobile du néo-monde. L'aboutissement politique de Facebook prend la forme des « flashmobs », des « apéros géants », et de quelques autres mobilisations festives, gratuites et spectaculaires. À ceux qui prendraient pour exemple de « démocratie virtuelle » la campagne en ligne de Barack Obama, il faudrait répondre que le choix de ce type de propagande, en effet, n'a rien d'étonnant, de la part du *showman* le plus doué du monde politique. Sa victoire était celle de l'iconolâtrie, son sacre était purement *télévisuel*. Il est bien évident que cet homme attendu comme le messie ne laissera derrière lui presque rien : une demi-réforme, un sourire immaculé et quelques slogans dérisoires (qui ne sont même pas les siens). Il a toute sa place au sommet du Rushmore immatériel de l'internet. Sur « Twitter », en 2012, il a gravé ce marmoréen trisyllabe : « Four more years », sous une photo de lui et de sa femme, enlacés et heureux. Ainsi, sa réélection est devenue, non pas l'événement le plus déterminant, le plus solennel, mais *le plus twitté au monde*, comme si l'événement qui n'était pas « twitté » des millions de fois ne méritait même plus d'être porté à la connaissance des hommes, comme s'il n'avait plus rien de réel, de *vivant*. Or, il n'est sans doute pas de combats moins réels, moins vivants que ces lamentables processions d'internautes en pyjama ; il n'est rien qui remette moins en cause la légitimité de nos oppresseurs. Facebook lève des armées de fantômes anodins. Les individus qui défilent dans la rue sous un mot d'ordre *twitté* n'agissent que sur les versants fantomatiques de l'existence ; mais quant à eux, indéniablement, ils ont été transformés, vaincus, *démobilisés*. Ils sont passés de l'autre côté de l'écran, dans un pays qu'ils voudraient aussi merveilleux, aussi confortable que celui du Réseau, dont ils sont les enfants torpides.

Il en va de même, *mutatis mutandis*, pour les rencontres amoureuses sur l'internet. Les appariements sexuels effectués par ordinateur, bien qu'ils donnent parfois lieu à des unions de longue durée, selon les codes les plus traditionnels, ne relèvent plus de l'amour et de la conjugalité tels que nous en faisions l'expérience hier encore. Malgré les tentatives des technoptimistes pour nous faire croire que l'internet est un lieu de vie et de rencontre en tous points semblable à la vie réelle, un village comme les autres, un bal des pompiers comme les autres, il est impossible de ne pas voir, de ne pas sentir que toute union scellée par le Réseau n'est jamais définitivement lavée d'une tache essentielle, ni comblée d'une lacune profonde : l'absence du *destin*. Chacun, certes, peut vivre sans destin, hors du destin, dans une béatitude artificielle et composée ; mais sans destin, toute la vie s'écoule dans la dimension apoétique et acosmique dont nous sommes aujourd'hui les prisonniers blafards. La douleur et l'intensité du véritable amour échappent aux « couples Meetic » – ceux-là mêmes qui, par une certaine ironie moderne du langage, sont les moins *mythiques*, les moins féconds, les moins ardents – même, et surtout, s'ils sont les moins malheureux. Le « manifestant Facebook », lui non plus, n'est pas malheureux, n'est pas déçu. Lors de sa « flashmob », il rencontre effectivement des « vrais gens », des gens qui lui ressemblent, qui partagent ses points de vue. Qui sait même s'il n'y découvrira pas le *partenaire idéal* ? Mais ces rencontres orchestrées par le Cerveau central ne sont nullement le fruit d'une expérience partagée, d'une souffrance commune ou d'une fraternité ; aussi n'ont-elles et n'auront-elles jamais la force et la densité collectives de l'action révolutionnaire ou du sacrifice réel, auprès desquels, comme des fleurs de cire exposées au grand soleil, elles se dilueront dans leur néant liquide.

★

Le Réseau fait la joie des dissidents et des minorités de tous bords ; « Enfin, pérorent-ils, nous disposons d'un *média alternatif*. Nous pouvons donner au monde un autre son de cloche ; nous sommes les opposants du quatrième pouvoir. » L'idée se répand que l'internet a définitivement brisé le carcan de l'information unique et rendu le monde à la pluralité des points de vue. Les grands groupes médiatiques ne décident plus de ce que les citoyens sont censés connaître ou ne pas connaître. Ils ne peuvent plus filtrer le réel que des millions de journalistes et d'éditorialistes amateurs s'appliquent à dévoiler quotidiennement. L'idée est certes séduisante et correspond à une certaine réalité ; mais elle ne manque pas non plus d'un enthousiasme naïf où s'exprime davantage le besoin de trouver une échappatoire que d'affronter objectivement notre situation. La grande phrase de Debord vient à l'esprit : « Dans le monde réellement renversé, le vrai est un moment du faux. » Et si le Réseau n'était qu'une continuation du Spectacle par des moyens purement techniques ? Et si dans cette totalité, les bribes de « vérité », de réalité qui percent çà et là, sur les sites de « réinformation » ou de critique radicale, n'étaient que les moments de la fausseté générale et systématique ? Le Réseau n'est-il pas une étape supplémentaire dans la transformation du monde en apparence ? Ne répond-il pas étrangement à cette définition du Spectacle lui-même : « Il est le soleil qui ne se couche jamais sur l'empire de la passivité moderne. Il recouvre toute la surface du monde et baigne indéfiniment dans sa propre gloire » ? Une fois *en ligne*, l'information *s'aligne* ; elle devient l'ombre et la parodie d'elle-même. L'*interné* la consomme et la digère aussitôt, quel que soit son contenu, quelle que soit sa dimension subversive ou « politiquement incorrecte » : elle tombe dans le vide et n'a pas d'écho. Les informateurs militants de la Toile pensent qu'ils jouent un tour au Système ; mais c'est le Système qui les manipule. C'est le Système qui les désarme en les coinçant dans son propre mécanisme. La révélation arrive trop tard : l'homme qu'elle voudrait choquer et rendre conscient n'est déjà plus de ce monde ; il évolue dans son hyperciel où l'Histoire s'est arrêtée. L'information, comme toutes choses, l'amuse. Va-t-il prendre les armes ? Va-t-il se « repolitiser » ? Va-t-il se révolter ? Non, c'est trop tard. Il aime regarder le théâtre des opérations webmatiques, *comme à la télé*. Quelque jour, il ira s'asseoir dans un café avec des militants rencontrés *sur le Net* ; et puis ce sera tout. Il n'en sortira rien, sinon quelques « échanges sympathiques » – et décevants, *in fine*, sans que l'on sache vraiment pourquoi. Comme il était plus jouissif de se révolter dans l'hypermonde, *pour rire*, à l'abri de tout et de tous ! L'anti-Système est un jeu comme les autres, une variante à suspense du grand récit consensuel ; il ne doit évidemment avoir aucune conséquence pratique dans la « vraie vie ».

★

L'internet n'est pas le lieu de la connaissance, pas plus qu'il ne saurait être celui de la méditation ou de la lecture prolongée. Il engendre l'instantanéité et l'instabilité par son principe même ; aussi n'a-t-il rien à proposer, contre la propagande des médias dominants, qu'une information *réactionnelle* et tout aussi orientée – puisqu'elle vise à rétablir l'équilibre de la balance idéologique, à la faire pencher vers le pendant exclu de l'information officielle. Ainsi voit-on fleurir les pages exprimant les points de vue classiques des mouvements extrémistes – de gauche ou de droite. Sans doute ont-ils plus d'audience sur la Toile qu'ils n'en avaient sur papier ou sur les ondes radiophoniques, la nouvelle technique leur donnant la possibilité de se démultiplier et d'envahir l'espace cybernétique sous d'innombrables formes, et dans une certaine opacité qui leur permet de confluer avec la masse informationnelle (phénomène accentué par le relatif nivellement des *moteurs de recherche*). Sans doute atteignent-ils davantage d'individus et modifient-ils sensiblement l'opinion publique à propos de certains sujets ; mais il serait tout à fait déraisonnable d'en attendre plus que cela et d'espérer que ce léger bousculement des forces en présence poussera les hommes dans une révolution. Il n'en est bien entendu pas question. C'est d'ailleurs fort peu souhaitable : à quoi nous mèneraient fatalement ces contre-propagandes – sinon à la victoire d'autres idéologies ? Seule une critique libre et détachée de la propagande pourrait vaincre la propagande ; or, les « médias alternatifs » ou de « ré-information » sont inclus dans la propagande qu'ils dénoncent, ils produisent de l'information politique, de l'information de combat – non pas le discours de vérité qui est l'unique moyen de déstabiliser le Système. D'autre part, combien d'hommes sont-ils réellement mus par la contre-propagande ? Combien sont-ils mobilisés par leurs lectures quotidiennes des sites subversifs ? Bien peu, évidemment. Il y a loin d'une indignation devant son écran à un engagement dans l'action. Et d'ailleurs, quelle action ? Que faire, devant cette tempête d'influx électroniques ? Pourquoi ne pas continuer à admirer, en esthète du néant, le spectacle étourdissant de cette guerre d'idées virtuelles ? Pourquoi ne pas s'endormir dans ce grand silence de l'esprit ?

⋆

De même que la Russie communiste toléra la revue satirique *Krokodil*, l'Empire médiatique tolère – quoique, sans doute, avec moins de permissivité – la libre expression des *commentateurs en ligne.* Il s'agit, dans les deux cas, de donner au peuple l'illusion qu'il peut critiquer le Système qui l'oppresse et la satisfaction de décharger sa rancœur accumulée. Chaque article du *Monde*, de *Libération* ou du *Figaro* se voit affublé désormais d'une litanie de réactions sous pseudonymes qui jaillissent des claviers comme autant de bordées d'injures. Les journalistes sont couverts d'opprobre et vilipendés comme falsificateurs du réel – ce qu'ils sont parfois. Les *internés* se débattent avec rage dans leur camisole. Le défouloir des commentaires les apaise momentanément : ils ont fait craquer le vernis du mensonge, et trembler l'establishment, ils ont fait entendre leur voix. Ils ont gueulé. Ils ont éructé. Ils ont injurié. Quelle aubaine, ce Réseau libertaire ! On peut se dresser face à la dictature de la « pensée unique ». On peut lever le poing. Mais voilà : rien ne change. Le pouvoir s'impose toujours avec la même assurance. Il écoute les braillards d'une oreille distraite et méprisante. Les *modérateurs* deviennent un peu plus sévères, mais pas trop : il faut que le petit homme se défoule ; ainsi aura-t-il le sentiment qu'il influence l'opinion et le cours du monde, alors que toute cette violence verbale est l'aveu de son impuissance définitive. L'étau médiatique s'est refermé sur lui, plus fort, précisément, de son ouverture à la critique, aussi virulente fût-elle. La haine qui se diffuse dans les canaux anonymes de la Toile, à toute heure, à tout propos, se substitue opportunément à toute force insurrectionnelle.

★

Il est peu de projets « révolutionnaires » sur l'internet qui résistent à l'analyse. Généralement, ils sont d'autant plus insignifiants et pernicieux qu'ils sont enveloppés d'ambages illuminées. Prenons l'exemple de l'« encyclopédie participative en ligne » Wikipédia. Les membres les plus fanatiques de cette entreprise, partout dans le monde, la présentent comme une œuvre culturelle prodigieuse, sans commune mesure avec l'encyclopédisme d'hier. Ils vantent sa liberté contre le despotisme des sources académiques du savoir ; mais la grande majorité des bons articles rédigés par les contributeurs du site proviennent directement de ces sources, et n'en sont qu'une copie adaptée. Quand ils n'en sont pas, ils sont rédigés par des spécialistes ou des amateurs plus ou moins éclairés, c'est-à-dire qu'ils tendent à l'académisme ; ou bien, ils s'en éloignent souvent trop pour être dignes de foi. D'autre part, Wikipédia serait une encyclopédie évolutive et amendable en permanence, ce qui en ferait un outil plus actuel et plus critique. Est-ce là, cependant, ce qu'on attend d'une encyclopédie ? Y cherche-t-on l'état des lieux de nos connaissances ou de nos doutes ? Désire-t-on des affirmations ou des questions ? N'est-il pas plus sain, pour l'esprit, de distinguer ce qu'il sait (ou croit savoir) de ce qu'il interroge ? Wikipédia est un « espace de discussion », disent encore ses promoteurs ; mais ce qu'on découvre, en pénétrant quelques instants dans la zone ou les articles sont « discutés », ce sont des controverses byzantines à n'en plus finir, dont chaque élément est notifié, entre d'obscurs intervenants sous pseudonymes ridicules, parmi lesquels certains s'arrogent le droit (selon des mérites fumeux) d'accepter ou de refuser les propositions des autres – notamment en raison de leur caractère farfelu, obscène ou tendancieux. Ainsi le grand partage des connaissances repose-t-il en réalité sur une perpétuelle foire d'empoigne où la fatuité rivalise avec l'indigence, et la sottise avec le bavardage. Ici encore, la naïveté de la croyance en une « révolution numérique » mène à des usages faux et inappropriés de l'outil, qui s'avère inférieur en presque tous points aux moyens qu'il était censé rendre obsolètes. Wikipédia n'est que l'assemblage incohérent d'un fatras sans bornes. Elle n'offre ni la rigueur, ni l'homogénéité, ni la validité des vieilles encyclopédies qui constituaient les fondations massives de nos bibliothèques. Pour tout ce qui est actuel et nouveau, et même pour tout ce qui relève d'un savoir anecdotique et infinitésimal, elle peut certes prétendre à quelque utilité ; mais pour la Culture, elle est aussi nulle et désastreuse que peut l'être un média de la vitesse.

*

Au cours de ma navigation, je découvre l'article d'une « doctorante » ayant pour titre *L'Interculturalité à l'épreuve de l'Internet : le cas de la francophonie*, véritable œuvre de propagande technicienne, aussi conformiste que déplorablement négligée sur le plan de la langue (deux signes certains que l'on a bien affaire à une sommité de la recherche actuelle). On y apprend, par exemple, que « l'interculturalité à travers les réseaux numériques nous permet de rencontrer l'autre malgré les distances géographiques qui nous séparent. Ces réseaux permettent de nous introduire dans des communautés virtuelles différentes, de s'ouvrir au monde et de sortir des territoires cloisonnés des appartenances "identitaires" ». Plus loin, on lit que l'internet « offre une mosaïque de produits culturels et donne la possibilité d'échanges au niveau des littératures, folklores, médecine traditionnelle, musique, cuisine, symbolismes, etc. ce qui permettra de faire connaître sa propre culture et d'en découvrir d'autres à travers notamment les musées et les expositions virtuelles et les forums de discussion. Il n'est aujourd'hui point besoin de se déplacer pour admirer la beauté des musées du monde entier ».

Cette dernière phrase donne toute la mesure d'un paradoxe orwellien : les hommes de la culture ouverte et mondiale sont les plus incultes qui soient ; l'inculture est même, de toute évidence, la condition *sine qua non* de la « communication intégrale avec l'autre ». On voit très bien la confusion s'établir entre la culture et le *culturel* – cette énorme bouillie de « partages », de savoirs vidés de sens et d'informations touristiques, dont les vertus distractives, il faut le reconnaître, compensent excellemment la solitude et l'ennui de la vie mécanisée. Ainsi, la technique résout les problèmes qu'elle engendre. Ainsi, l'internet – qui participe à la disparition des langues minoritaires du monde en imposant la suprématie de l'anglais commercial (et du chinois bientôt) – « permet aujourd'hui à tous les francophones du monde entier de rester en contact avec les cultures de la francophonie. Il facilite ces rencontres culturelles, notamment pour avoir une information sur telle ou telle manifestation culturelle (festivals, folklores, expositions, salons de livre,...). De même s'informer sur les micro-cultures et les peuples dits indigènes, chose qui était jadis inimaginable, sinon réservée à une élite ».

Le mot d'ordre est clair : s'éloigner de soi, toujours plus, s'oublier dans l'Autre, toujours mieux ; et l'irénisme du discours ne doit pas nous faire perdre de vue la réalité qu'il dissimule : le francophone est aujourd'hui aussi largement informé des « manifestations culturelles » de la francophonie qu'il est ignorant de la langue française, et de ce fait, incapable de communiquer avec les membres de sa propre communauté. La richesse des moyens camoufle l'indigence des fins. Le moderne extatique s'ébahit devant les prouesses de la machine qui délivre un accès rapide à des millions de données et de renseignements, mais il ne voit pas que la Connaissance unitive est perdue, noyée sous la masse, et que l'augmentation des échanges superficiels l'enfonce encore davantage. Il pense que « l' ère des réseaux numériques et de la mondialisation économique et culturelle nous amène tous à communiquer à l'échelle planétaire, à rencontrer, échanger et vivre avec des interlocuteurs issus de contextes linguistique et culturel extrêmement variés » et que « la construction d'un monde interculturel est possible dans un espace virtuel empreint de respect de la diversité et de l'altérité », et aussi qu' il faut « faire de ce nouveau territoire électronique une agora de rencontre et de solidarité et profiter des potentiels de ces nouvelles technologies pour rapprocher de plus en plus les hommes ».

Cet empilement de poncifs progressistes, de nos jours, tient lieu de pensée scientifique. Les « doctorants » professent le nouvel œcuménisme technicien sans le moindre scrupule, et – ce qui est encore plus alarmant – sans paraître jamais effleurés par le doute le plus minuscule. L'internet n'est pas ici le thème d'une analyse, mais l'objet d'un culte véritable.

⋆

Le mot exprime la chose ; du moins, il n'est pas sans rapport avec l'esprit et la valeur intrinsèque de la chose. Tout le vocabulaire apoétique et barbare de l'internet, tout son langage profane, infantile et technoïde donne la mesure de sa vacuité profonde (à qui la loi des *correspondances* n'est pas étrangère).

Webmaster blog chat flux RSS google doodle hacker podcast smiley web 2.0 web 3.0 youtube dailymotion wiki hypertexte hyperlien cookie pop-up plug-in page web firewall playlist browser téléchargement streaming proxy netvibes facebook twitter flickr pinterest instagram email FTP HTML HTTP XML RTF IP URL PDF OSS Word Access powerpoint Office OpenOffice Java Jpeg login mailing list modem surfer internaute gamer geek flashmob newsgroup pseudo peer-to-peer routeur serveur moteur de recherche fournisseur d'accès base de données paypal Microsoft Windows e-book webzine folksonomie tag métadonnée cloud widget syndication de contenu troll spam flame flood streaming Chatroulette skype webcam accès séquentiel système d'exploitation système expert logiciel configuration intranet extranet interface arobase interactivité extensibilité connexité compatibilité maintenabilité bombing freeware software hardware malware spyware script upgrade networking workflow buguer cliquer synchroniser applet gopher zip avatar captcha post…

Nouveau langage, nouvel homme.

Demain les golems

> *« Sachez-le donc, tout progrès porte en lui sa fatalité, comme toute civilisation porte en elle son principe de mort. »*
>
> Eugène Huzar

Trop est sans doute le mot qui définit le mieux le problème fondamental de l'internet. Trop d'informations, trop de textes, trop de liens, trop d'opinions, trop de diversions, trop d'amis, trop d'interlocuteurs, trop de messages, trop de sollicitations, trop de suggestions, trop de possibilités, trop de chemins, beaucoup trop pour un homme en tout cas ; assez pour le tenter, pour lui faire entrevoir l'omnipotence, mais bien plus que sa psyché délicate ne peut en absorber sans perdre sa cohésion.

Mais ce ne sont pas les hommes qui résoudront ce problème : ils n'ont plus de *prise* sur l'environnement technique, ils ne sont plus les gouverneurs souverains du Système ; ils en sont les rouages anonymes. La tâche en reviendra donc à la technique elle-même, qui remplacera l'internet par l'étrange créature « omniprésente » et « ubiquitaire » dont les futurologues chantent la geste avant l'heure. Le « trop » sera ajusté aux dimensions exactes de l'animal humain. La vie sera parfaite – et parfaitement *invivable.*

★

Avec l'internet, nous avons mis au point le système de contrôle et d'assuétude le plus achevé, le plus formidable qui fût jamais – un système qui ne peut rien produire d'autre que l'asservissement. Il était donc nécessaire d'habiller cette créature d'un « bluff technologique » à la hauteur de ses potentialités. Que n'a-t-on entendu à propos de cette invention biblique ! L'heure de la Rédemption dernière était arrivée. La noosphère teilhardienne apparaissait là sous nos yeux. La société libre et autonome d'Ivan Illich prenait ses quartiers dans les pays occidentaux ; et bien vite elle s'étendrait aux pays pauvres et aux dictatures. Les idéaux libertaires de tous les temps devenaient réalité. Une collectivité mondiale s'organisait. L'ère de la grande mutualisation commençait. Pendant ce temps, *en coulisse*, les hommes connectés découvraient peu à peu ce qu'il est convenu d'appeler les « inconvénients » ou les aspects problématiques de leur condition nouvelle. Ils expérimentaient le négatif de la Communauté planétaire ; un négatif en réalité si peu anecdotique, si peu négligeable, qu'il fallait bien convenir – à condition d'en avoir le courage – de l'insanité fondamentale du Réseau, de son incapacité à fournir la liberté et la richesse authentiques. Des névroses, des addictions, des maladies sociales, des crimes, des privautés, des abus, des folies, des misères de toutes sortes constituèrent, au fur et à mesure de leur génération, la quintessence irréductible et ostentatoire de ce cosmos alternatif. Comme d'habitude, le contenu hideux de la marmite fut âprement dissimulé sous un couvercle d'enthousiasmes forcenés : tout cela n'était rien, mes frères, en comparaison des bienfaits immenses de l'internet ; tout cela était le prix à payer, au demeurant fort modeste, pour gagner le paradis du Partage et de la Proximité. L'avenir était fait de « bibliothèques numériques », d'« encyclopédies participatives » ou d'« interactivités » de tous genres ; toute la connaissance était universellement accessible ; tous les hommes prenaient contact et formaient des nouveaux centres d'énergie ; tout se démultipliait ; tout s'épanouissait. Le Vieux Monde explosait sous ce violent coup de boutoir de la Technique. Seulement, le discours de l'internet, pour qui a des oreilles propres, pour qui connaît la *brutalité* des machines modernes, résonne comme une logorrhée mystifiante. L'œcuménisme triomphal des *surfeurs* et des *wikipédiens* pourrait n'être que l'écran d'un vaste fumier spirituel.

*

L'homme se trouve aujourd'hui dans la situation d'un élève permanent de son automate – un serviteur de son serviteur. Il est censé apprendre ce qu'il doit faire, s'adapter, changer sa personnalité. L'idée qu'on pourrait asservir la machine à l'homme ne viendrait plus à l'esprit de personne. D'autre part, il ne semble pas choquant que le nirvana libertarien du Réseau soit peuplé d'anxieux et de dépressifs ; on ne voit là rien de surprenant ou de contradictoire.

★

Il est inévitable que nous devenions un jour des êtres-machines, des vivants assistés par la machine, enveloppés dans un espace électronique et domotique où nos besoins – nos désirs même – seront anticipés, devinés, paramétrés et assouvis dans les plus brefs délais. C'est là vers quoi tendent toutes les techniques de pointe que nous rapprochons sans cesse entre elles, de manière à créer le Système unique, le géant tout-performant qui nous tiendra dans sa grosse main de coton. Il ne peut plus en être autrement désormais. Nous n'opposerons pas de résistance ; il nous faut manger le fruit mathématique – et tomber dans un nouvel enfer.

Le développement de l'internet est une étape décisive de ce processus. À l'instar du téléphone portable, dont la privation nous condamne à la panique et au dénuement, l'ordinateur connecté épouse si bien les courbes de nos émotions, de nos affects et de nos impulsions mentales, qu'il devient rapidement notre armure de puissance – et notre camisole, hélas. Avec lui, nous sommes l'être multiple, volatil et sachant ; sans lui, nous retournons à la triste et pesante condition d'homme – nous sommes des Icare en chute libre, et nous mourons.

★

La distance qui nous sépare du monde réel n'a jamais été aussi grande ; jamais nos vies n'ont été aussi futiles et désincarnées. Dans les années cinquante, Günther Anders voyait se fabriquer un « univers familier », un grand « chez-soi » peuplé de « copains » fantomatiques : les stars de la télévision ou les animateurs de la radio, dont la présence avait pour fonction, selon lui, de *camoufler* le néant de notre condition. N'assistons-nous pas à une parfaite démonstration de cette logique dans le succès des « réseaux sociaux », grâce auxquels nous nous sentons entourés d'« amis », de « suiveurs » et d'une foule de gens qui tournent vers nous leurs regards et leurs attentions ? La sociabilité spectrale de cette sphère communicationnelle, qui nous captive si ardemment, n'est qu'un voile pudique sur le parachèvement de notre incomplétude.

★

Quant à nos enfants, dont quelques rogatons en mal d'insouciance nous disent que leur cerveau développe des facultés nouvelles – par exemple, cette aptitude tant vantée au *multitasking* –, ils ont été définitivement transformés en ce que le même Anders nommait les « dividus », des êtres éclatés en une « pluralité de fonctions », moins cohérents et plus fragmentés encore que l'individu isolé, capables d'assimiler des éléments parfaitement disparates (tels ces *digital natives* dont les sens perçoivent *simultanément* les images, les sons et les textes de leurs différents appareils). Cette « capacité » – qui n'est autre qu'une dilatation monstrueuse et une malédiction – les immunise contre l'angoisse du vide à laquelle, sans cela, ils seraient bien sûr condamnés à plus ou moins long terme. Une armée de techno-golems impavides part à la conquête du monde, produite *en série* par le Système inhumain que nous avons engendré.

⋆

L'internet préfigure le cocon perfusé qui, demain, sera notre habitat permanent, notre *milieu naturel*. Nous tétons sa mamelle intarissable, et nous cessons de vouloir ; dans un abandonnement total, nous déléguons volontiers notre tâche essentielle à l'Esprit cybernétique. Il cherche pour nous, il trouve pour nous. Il nous remplace, et nous *désirons* être remplacés. Nous avons atteint l'extase de la régression finale. La Machine-Mère nous allaite et nous prémunit contre tout effort vers l'individuation ; elle est une et indivise – et dans son ventre fécond nous oublions la mort.

⋆

L'extrapolation futuriste ne demande aucune qualité d'esprit remarquable, puisqu'elle consiste, en substance, à dévider jusqu'au bout la logique du présent (et l'avenir d'un système technicien n'est que la *suite logique* du présent). Où va l'internet ? Où nous emmène-t-il *nécessairement* ? – Pour répondre à cette question, il suffit d'amplifier son *principe moteur*, c'est-à-dire la tendance nouvelle qu'il donne à l'organisation humaine. Il me semble que l'internet comble une autre partie du fossé qui sépare la vie subjective de sa manifestation objective. Il matérialise les contenus intérieurs de l'homme, ses pensées, ses émotions, son imaginaire, ses affects, ses volitions, etc. J'ai une idée, je *clique*, et l'internet me propose un large éventail d'idées similaires ou complémentaires. Il donne un nom, parfois, à la notion vague et imprécise qui me traversait l'esprit. Je connais grâce à lui mon ignorance, et mieux : je connais ma connaissance. Il a réponse à tout, même aux questions que *j'aurais pu* lui poser. Il me précède. Il me devine. Quand j'ai besoin de recevoir un conseil, d'apprendre une technique, de connaître une procédure, il exauce mon vœu sans attendre et se paie le luxe d'étendre le champ de ma recherche. Il connaît mes goûts, mes « préférences », mes habitudes ; il me donne des *recommandations personnalisées*, facilite mes achats, mes requêtes, mes démarches. Il peut me délivrer tous les plaisirs de l'œil et de l'oreille sur simple demande. Il retrouve mes anciens camarades de classe. Il me cherche des partenaires de jeu, des convives, des clients, des amis, des amours. Il mène la barque, et je n'ai plus qu'à me laisser porter. C'est lui, désormais, qui produit l'effort que je produisais, hier, pour donner forme à mes impulsions mentales. J'économise des gestes et des paroles. Le monde s'intéresse à moi. Le monde se donne à ma volonté. Demain, la machine qui remplacera l'ordinateur analysera chaque soubresaut de ma vie psychique et de mon système nerveux, de manière à restreindre encore les distances entre mon désir et sa satisfaction.

Déjà, les scientifiques annoncent qu'ils savent transformer une représentation mentale en image virtuelle, ou un influx nerveux en opération mécanique. Déjà, la mémoire et l'inconscient sont exploités comme de simples matériaux. Nous n'aurons bientôt plus besoin de nous-mêmes ; la machine s'occupera de tout. Elle saura si parfaitement ce qui se passe en nous – peut-être mieux que nous-mêmes, ô prodiges de la Science ! – que nous n'aurons apparemment plus d'intérêt à ne pas remettre notre destin entre ses mains. Elle nous observera jour et nuit, et la coupe de la vie, à chaque instant, sera portée à nos lèvres exsangues avant que nous n'ayons pu la désirer. Nous ne ressentirons plus jamais l'expectative, le doute ou la frustration ; nous serons des oies gavées d'assouvissement rapide et de tentations publicitaires (lesquelles feront office de *transcendance*).

⋆

Comment peut-on ne pas voir, dans cette omniprésence de la machine au sein de notre vie, le signe de notre soumission finale et de notre obsolescence ? Nul ne peut douter que cette logique doive de toute nécessité aboutir à la caducité de l'homme, en tant qu'il est porteur et créateur du divin. Nul ne peut croire encore à la possibilité que nous demeurions libres à l'intérieur d'un système où, bientôt, grâce à la combinaison de toutes les sciences, les attentes spirituelles des individus seront prises en charge et traités par le super-ordinateur. Non seulement nous diminuerons physiquement, n'ayant plus d'effort à produire – sinon quelques hochements de tête en direction de nos androïdes –, mais encore notre part immatérielle disparaîtra, frappée de vacuité par l'envahissement total du bonheur algorithmique.

★

« La télévision a mutilé notre capacité de solitude, a violé notre dimension la plus intime, la plus privée, la plus secrète. Enchaînés par un rituel envahissant, nous fixons un cadre lumineux qui vomit des milliards de choses qui s'annulent les unes les autres, dans une spirale vertigineuse. La paix ne revient que lorsqu'on éteint. À onze heures, à minuit, pèse sur nos épaules une grande fatigue obligatoire. Nous allons vers notre lit chargés d'une vague mauvaise conscience, et, dans le noir, les yeux fermés, nous tentons de

> renouer, comme un fil cassé, le silence intérieur qui nous appartenait » (Fellini, *Le Monde*, janvier 1986).

On pourrait tout aussi bien, dans ce beau texte, remplacer « la télévision » par « l'internet », sauf que le « silence intérieur » nous échappe aujourd'hui complètement, irrémédiablement. Le spectateur du Réseau n'a plus la moindre notion de ce que ces deux mots peuvent bien signifier ; il est en connexion perpétuelle, très au-delà de minuit, et souvent dès qu'il ouvre les yeux, réveillé par la clochette de son *smartphone*. Il faudra que l'on trouve un moyen de relier la machine et le continent perdu de ses rêves.

★

Je n'ai pas eu ma montre au poignet pendant quelques jours, à cause d'une irritation de la peau. Lorsque je l'ai remise, mon attention s'est immédiatement tournée vers elle, contre ma volonté, et de manière assez compulsive. L'objet s'est aussitôt *réintégré* à mon corps et à mon univers mental. Je suis redevenu l'homme équipé d'une montre, l'homme qui peut maîtriser le temps, l'homme organisé.

Tous les objets techniques nous modèlent à mesure que nous les incorporons ; plus étroitement ils sont reliés à nous, plus profondément ils nous conditionnent. De ce point de vue, le « web ubiquitaire » annonce une dépossession fatale de notre autonomie : un simple bracelet, ou une micro-puce invisible, nous reliera en permanence au monde extérieur et nous informera de tout ce qui pourra nous concerner, à chaque seconde. Nous serons alors devenus des hommes *programmés*.

⋆

Il est très clair que les *internés* d'aujourd'hui essuient les plâtres : dans l'avenir, le problème de la « cyberaddiction » sera résolu (en tant que « problème technique »), notamment grâce à la fusion de l'homme et du Réseau – préliminaire du remplacement total qui adviendra nécessairement, et qui verra s'achever *l'automatisation du désir humain*. Les futurologues ne disent pas autre chose ; mais beaucoup semblent y trouver un sujet de réjouissance ; beaucoup sont déjà prêts pour la grande mutation – comme s'il s'agissait pour eux d'une ultime expérience ou conquête.

⋆

Et moi, qu'ai-je fait de ma liberté ? Serai-je de ceux qui regagnent les territoires encore vierges de la Technique invasive – s'il en existe encore ? J'en doute. L'internet fait désormais partie de moi, de ma vie quotidienne. Je m'y suis installé, comme le chien gras et poli dans son enclos, et j'ai peur de courir à travers les bois hostiles. Est-il vraiment trop tard pour répondre à l'appel du loup ? N'est-il pas trop tard depuis bien longtemps ? Ne suis-je pas un enfant du Système ? Je suis né avec la télévision et je mourrai avec le Simulateur cosmogonique. Je suis prisonnier de naissance. Comment vivrais-je sans mes chaînes ? N'est-ce pas mon destin de combattre à l'intérieur de mes chaînes – par l'esprit, et seulement par l'esprit ? La Machine ne craint pas les déserteurs, qu'elle recycle à son profit ; mais elle craint les apostats du Progrès, qui font vaciller sa lourde charpente. Peu importe que je meure en esclave ; tous les hommes de ce siècle mourront peut-être en esclaves. Peu importent nos petits aménagements avec la modernité, nous n'avons pas d'autre choix que de préparer l'avenir, c'est-à-dire, osons l'espérer, l'effondrement du Système.

⋆

J'ai échoué dans ma tentative d'évasion du Réseau. Je ne me suis pas libéré de ma condition d'*interné*. Bien que je sois parvenu à réduire l'emprise de l'écran sur ma vie psychique, je demeure fragile et soumis à toutes les tentations de l'hypermonde. Je sais aujourd'hui qu'il n'y aura pas de réelle modération de ma part et que, bien plus souvent que je ne le souhaiterais, je me perdrai dans les tortueux corridors du Labyrinthe imaginaire. Il n'y aura pas d'usage raisonnable et *sympathique*.

⋆

La Machine est en guerre contre nous ; elle ourdit notre apocalypse. À chaque étape de son perfectionnement, elle remporte une victoire sur nous ; elle atrophie notre puissance et muselle notre autonomie. Nous n'avons pas de *choix* face à l'adversaire total : il faut défendre sa vie et sa liberté, ou bien les lui offrir en pâture.

Je suis l'esclave du Réseau, pas son maître. Je n'ai jamais été son maître. Il m'a mené où bon lui semblait, vers son apogée, et il a fait de moi son *opérateur*. Il n'y aura pas de demi-liberté ; celui-là seul qui a définitivement rompu ses liens électroniques redevient libre. Les autres *se croient* libres, mais parce qu'ils le croient, précisément, ils attestent l'accomplissement de leur domestication. Le Réseau s'est immiscé jusqu'aux racines de leur existence. Ils n'éprouvent même plus la nostalgie de la liberté perdue.

⋆

Notre fin arrive à grande vitesse ; l'effacement de l'homme est *en chantier*. Tout ce qui faisait le prix et la joie de la condition humaine est en cours de suppression. Notre éclipse est annoncée. Voulez-vous vraiment envoyer l'âme et l'esprit à la corbeille ? Acceptez le protocole de la Machine et cliquez sur « Oui ».

L'internet n'a pas d'importance ; il n'est qu'un échelon, une phase liminaire du grand programme. De même, les choix individuels ne sont rien face au mouvement global de la déshumanisation ; la vie d'un homme qui déserte le Système n'a aucun poids, et moins encore ses combats dérisoires contre ses misérables servitudes. Il n'y a cependant pas d'autre espoir que l'individu, puisque la masse engagée dans sa dernière bataille, déjà, arbore l'épée mortelle du Progrès sans alternative, et forme ses colonnes motorisées d'un bout à l'autre du hangar planétaire. L'homme seul ne peut pas les arrêter ; mais il peut nourrir en lui, au plus profond de son silence et de son amour, la flamme incorrompue de la pensée rebelle.

Table des matières

Mise en page par Meta systems
59100 Roubaix